「双创」

何以深圳强？

SHUANGCHUANG

HEYI SHENZHEN QIANG

王京生 陶一桃◎著

海天出版社（中国·深圳）

图书在版编目（CIP）数据

"双创"何以深圳强？ / 王京生，陶一桃著. — 深圳：
海天出版社，2017.9（2018.4重印）
ISBN 978-7-5507-2021-3

Ⅰ. ①双… Ⅱ. ①王… ②陶… Ⅲ. ①企业管理－经验
－深圳 Ⅳ. ①F279.276.53

中国版本图书馆CIP数据核字（2017）第137486号

"双创"何以深圳强？
SHUANGCHUANG HEYI SHENZHEN QIANG

出 品 人　聂雄前
责任编辑　涂玉香
　　　　　张绪华
责任技编　梁立新
装帧设计　线艺设计 电话 83460339

出版发行　海天出版社
地　　址　深圳市彩田南路海天综合大厦7-8层（518033）
网　　址　www.htph.com.cn
订购电话　0755-83460397（批发）　83460239（邮购）
设计制作　深圳市线艺形象设计有限公司　0755-83460339
印　　刷　深圳市新联美术印刷有限公司
开　　本　787mm×1092mm　1/16
印　　张　12
字　　数　88千
版　　次　2017年9月第1版
印　　次　2018年4月第2次
定　　价　48.00元

　　本研究采用联合国（UN）所使用的创新创业三元评价方法，即（环境）支撑、（资源）能力、（绩效）价值三位一体的评价体系，对深圳"双创"发展现状进行要素体系评估。**所谓"创新环境"**，是指由制度环境决定的创新要素的自由配置环境，它既包括一个社会鼓励创新的宽松而包容的制度——文化安排，又包括创新要素的拥有及自由流动，这是创新的基本保障与前提，更是"双创"的制度性土壤。**所谓"创新资源"**，体现为一个社会的创新能力，它强调的是本地区能否高效地调动与使用各类公共部门资源和私人资源的能力，持续创造经济效益和社会效益。**所谓"创新绩效"**，体现为本地"双创"资源投放价值，它反映创新创业资源投入产出效益及其经济成果。

　　按照联合国创新创业三元评价体系结合深圳的具体情

况，我们认为，深圳"双创"呈现出鲜明的由创新要素禀赋决定的"塔形双创体系"结构，即"塔基（创新基础）＋塔身（创新主体）＋塔尖（创新方向）"三位一体的塔形创新创业结构体系。研发创新的基础就是创新要素集聚和制度环境优化；研发创新的主体就是民营企业；研发创新的方向就是高科技产业。概括起来说就是：深圳已经形成了以制度—文化环境提升、创新要素集聚为支撑（塔基），以民营企业为主体（塔身），以高科技产业为方向（塔尖）的"塔形双创体系"，并在市场规律作用下"自发地"形成了"制度供给—市场结构—市场行为—创新绩效"（SSCP）的发展范式。同时，深圳以全面深化改革直接引领"双创"发展的路径，形成了一系列具体可操作的政策与措施，构建了符合中国国情的创新创业系统，在推进"双创"过程中取得了突破性的成就。尤其是深圳的"塔形双创体系"，对全国"双创"不仅具有积极的启示意义，而且也具有较强的可复制性和可推广性。甚至可以说，深圳已取得的成功经验以及正在推进的前沿举措，是中国社会特定背景下研究"双创"的典型样本，更是推进"双创"的良好借鉴，具有现实的制度模仿价值。

我们认为，深圳所形成的"塔形双创体系"对全国"双创"具有以下启示意义：

第一，政府的政策推动是短期内迅速形成"双创"氛围的主要因素，这对一直以自上而下的强制性制度变迁为主导的中国来说，在一定程度和时间内是必要而又有效的。但是，政策推动从根本上说还是权宜之计，特事特办的制度安排永远不可能，也不应该代替成熟且法制化的制度安排。长远来看，有利于"双创"的制度—文化环境的形成，既是"双创"长期可持续成长的土壤，又是"双创"可持续发展的保障。

第二，占深圳所有制结构90%以上的民营企业，是这座新兴城市创新的最具有潜力和生命力的强大主体。作为熊彼特笔下的真正的企业家，他们完全有可能摆脱行为选择上的急功近利，不会单纯地为了创新而创新，甚至也不会直接为了一夜暴富而创新。实现个人理想王国的梦想，会让他们充满热情与理性地去创新；他们不怕冒险，甚至冒险已经成为他们与生俱来的品格；他们更懂得权衡成本与收益；他们会把握时机、利用政策，但深谙投机的利弊与得失、选择的收益与代价。同时，灵活的产权界定方式与收益分配方式，又以市场规则激励着这一具有无限创造力和创新力的生机勃勃的"双创"主体。

民营企业是市场经济产生、成长、发展的重要土壤。深圳经济结构这一基本面的形成，完全得益于率先改革开放的经济特区的历史地位和先行先试的市场经济的伟大实践。30多年前建立经济特区，就是要在计划经济的大漠中建立一个市场经济的绿洲。深圳以其毗邻港澳的地缘优势和计划经济薄弱的"先天不足"（有利于降低改革的成本与风险）率先成为这个美丽而又充满生机的绿洲。2009年后，深圳就已经成为一个名副其实的民营企业城市。据广东省统计局数据显示：2015年深圳民营经济绝对增加值为7488.60亿元，排名广东省第一，占深圳当年地区生产总值的42.8%，几乎支撑深圳经济的半壁江山。民营企业作为市场经济的主体，在地方经济的发展繁荣方面具有得天独厚的、源于其企业家禀赋的、源源不竭的生命力与原动力。

首先，实现个人理想王国的梦想决定了企业家的选择，而作为市场经济灵魂的企业家精神也正是在每一位企业家实现梦想的奋斗历程中培养并喷薄而出的。如果说，在传统体制约束下，敢闯的勇气与精神对社会的发展与前进是至关重要的，那么，当市场经济体制日臻完善的今天，保持社会永久创新活力与增长动力的，则是把获取效益最大化看作生命的企业家和企业家精神！这种物质世界与精神世界的完美统一，正是熊彼特所说的，源自社会机体内的、推动社会进步的生生不息的创造力——创新精神。其次，民营企业家可谓市场经济中的"经济人"，而"经济人"的理性则是民营企业家几乎与生俱来的品质。他们既会准确地踏着市场经济的鼓点前行，又可以不失时机地把握包括政策机会在内的任何机会，甚至不需要更多的扶持，在宽松自由的成长环境下，企业家特有的嗅觉就会引导企业去创造奇迹。正因如此，深圳才有华为的任正非、中兴的侯为贵、腾讯的马化腾。

第三，高人力资本密集度产业是开展"双创"的主战场，科技产业化是构建创新与产业发展良性循环的基础。深圳经济特区成立30多年后的今天，战略性新兴产业已经成为深圳经济增长的支柱，这是深圳历届政府明智选择的结果。自21世纪90年代中后期始，发展高科技产业已经成为深圳产业选择的方向，这一正确决策使深圳至今仍然在收获着创新驱动的利益，并在领先完成产业结构调整和优化中保持着稳增长的势态。据2016年上半年深圳经济增长数据显示，七大战略性新兴产业增加值增长13%，是地区生产总值增速的1.5倍。而2015年七大战略性新兴产业对深圳地区生产总值的贡献率为40%以上，这个贡献率与同年民营企业对深圳地区生产总值贡献率（42.8%）非常接近。这不仅说明了战略性新兴产业对经济增长的分量，同时更加证明了民营企业和由民营企业主导的战略性新兴产业是深圳经济的坚实支柱（深圳战略性新兴产业90%以上是民营企业），而深圳"双创"的产业领域选择，正是在具有较好基础和发展空间的高资本密集型、高技术密集型和高人才密集型战略性新兴产业及其相关产业中展开的。可以说，这是深圳得天独厚的"所有制＋产业"的发展优势，这一优势也是有利于"双创"的、来自社会经济结构和产业结构的优势。

近几年来，深圳经济能够在全国经济普遍下滑的大背景下保持稳定增长态势，从根本上说得益于两大因素：其一是构成深圳经济主体和生力军的具有无限活力与创造力的民营企业的力量；其二是充分体现产业结构优化优势的战略性新兴产业长足并具有质量发展的贡献。可以说，今天的深圳是一座以民营企业为"机身"，以战略性新兴产业为"机翼"的稳步腾飞的现代化城市。因此，它未来持续发展、繁荣的关键就在于我们社会如何"呵护土壤"和"强壮翅膀"，让创新永远成为创新者的座右铭。

我们认为，深圳"双创"可复制、可推广的经验是：**完善塔基、培育塔身、激励塔尖**。

所谓"完善塔基（'双创'基础）"，就是以地方政府的远见卓识，率先深化行政体制改革，提高政府服务效率，增加有效制度供给，以宽松的制度—文化环境降低"双创"的制度成本，从而提高制度绩效；以法律的力量完善"双创"分配制度，保障"双创"主体权益，营造公平、宽容、有序的竞争环境；以市场的力量集聚高端"双创"要素，保证"双创"资源配置效率，在实现要素价值的同时，实现"双创"结果的"帕累托最优化"。

所谓"培育塔身（'双创'主体）"，就是在"双创"主体所有制结构上，以民营企业为主体，增强创新的活力和动力；在"双创"主体的组织形态上，以灵活运营体制为导向，降低"双创"的交易成本，促进民营企业家阶层兴起。从根本上说，"双创"是政府倡导并给予一定政策支持的市场行为。提供有利于创新的制度—文化环境是政府的首要职责，遵循市场规律是其成长、发展的基本路径。"双创"不是一场运动，而是一次足以带动中国产业结构调整、经济转型的伟大革命，是中国由政策开放走向制度开放转型的必然选择，也是中国完成由外向型经济向开放型经济转变的一条路径。"双创"的关键在于培育民族的创新精神和理念，在于培育一种正确的价值观。这种价值观不仅是对以往以更多的财富消耗来创造财富的"野蛮创造"的反思，更是对未来发展趋势的一种定位。这种价值观就是创新将作为一种稀缺生产要素，成为我们的社会生生不息的创造财富与价值的源泉。

所谓"激励塔尖（'双创'方向）"，就是在创新方向上，大力发展以高科技产业为代表的高人力资本密集度产业，激发高层次人力资本的创新创业能动性；改进科技产业化体制机制，构建科技创新与产业化的良性循环发展制度系统。

根据数据分析，我们的基本判断是：**深圳是高绩效实现型、高创新活力型、中度环境支撑型、低要素投入型的，在全国具有引领、示范作用的"双创"城市。**

深圳"双创"发展面临的核心问题，就是面对全球竞争，如何提升"双创"价值实现能力，即如何构建和完善有效的国际化创新市场环境，激发"双创"参与主体的积极性和创造性，最终将"双创"行动转化为有利于提升人民生活福祉的价值实现。然而，深圳目前正处于由经济总量上的赶超向创新引领转化的关键期，在创新价值实现层面还处于国际中游水平。从理论上说，人均国内生产总值衡量的价值实现能力必须形成更强劲的拉动力，才能让中国跨越中等收入的陷阱。因此，深圳必须要解决以下 6 个方面的问题：

◆ 如何以先行先试的胆略与智慧，在改革的进程中构建国际化创新市场的制度环境，以制度资源的优势保障创新环境优良。

◆ 如何以市场体系的完善提升创新要素的质量与效率，降低创新市场的交易成本，提高创新市场的竞争程度。

◆ 如何加快"双创"发展动力的路径从政策开放向制度开放转变，释放创新主体的活力，优化宜居、宜业、宜商、宜创的社会"软环境"，构建国际领先的"双创"支撑体系。

◆ 如何加快支撑"双创"的观念变革路径从文化沉淀向文化流动转变，提升"双创"主体自由流动性，打造灵活的社会契约环境，产生和发展新的文化形态，增强"双创"战略的文化支撑。

◆ 如何加快"双创"资源配置路径从封闭创新向开放创新转变，建设制造业创新中心，打造制造业产业高地，优化创新资源的配置效率，提升面向国际市场的产业创新能力。

◆ 如何加快"双创"发展的目的指向从确保增长向提升社会福祉转变，拓展人的自由选择能力，增强"双创"全球价值实现能力。

一个民族不会由于缺少奇迹而毁灭，但会由于缺乏创造奇迹的思想而枯萎。"双创"需要热情，更需要理性；需要政策，更需要市场。"双创"预示着创新，也包含着失败；预示着可能的收益，也包含着不可避免的沉没成本。我们很多人收获的不是梦想成真的伟大，而是为实现梦想奋斗的历程，但两者无论对社会还是个人都是财富。一个充满创新精神的社会，一定是一个包容失败、赞赏奋斗、崇尚精神、摒弃急功近利的社会。在享受创新中创业，在敬畏发明中创造，这是"双创"社会应有的品格与秩序。"双创"不是一夜暴富的狂热，更不是投机的侥幸，而应该是一个社会创造财富以及使更多的人能够有尊严地生存的良好状态。

目 录

第二章 深圳"双创"的前沿趋势

第三章 深圳"双创"成功经验总结

深圳"双创"发展现状评估 第一章

　　课题组基于联合国（UN）创新创业三元评价体系，结合深圳实际情况及数据可得性，构建"双创"发展评估指标体系（见表1-1），评价地区"双创"发展的现状。

表1-1　"双创"发展评估指标体系

一级指标	二级指标	三级指标
（环境）支撑	市场条件	公有制企业比例（%）
		中小企业比例（%）
	开放环境	对外进出口总额变化（亿美元）
	教育培训	提供 MBA 课程的大学数量（所）
		大学 MBA 年度招生数量（人）
（资源）能力	人才	从业人员中研究与开发人员占比（人／万人）
		高等学历人口占比（%）

续表

一级指标	二级指标	三级指标
（资源）能力	资金	全社会科研资金支出占生产总值比重（%）
		固定资产投资总额占生产总值比例（%）
		生产总值中公共资本的占比（%）
		生产总值中私人资本的占比（%）
	载体	重点实验室、技术中心、孵化器等数量
		企业年新生率（%）
		净企业数量变化率（%）
	研发与技术转化	知识密集型服务业从业人员占社会劳动者比重（%）
（绩效）价值	营利	高新技术产业增加值（亿元）
		高新技术产业增加值占生产总值比重（%）
	专利	申请国际专利和国内专利的数量（件）
		专利权申请人口占比（每万人专利申请量）

注：依据联合国创新创业评价指标体系和 OECD（经济合作与发展组织，简称"经合组织"）创新创业评价系统指标体系构建。[1]

---

[1] UN 和 OECD 评价指标体系来源：United Nations Conference on Trade and Development，"Key components of entrepreneurship and innovation policy frameworks"，[cited on Geneva, 20 - 22 January 2010]. Available from Investment, Enterprise and Development Commission, Multi-year Expert Meeting on Enterprise Development Policies and Capacity-building in Science, Technology and Innovation (STI): Second session, Item 3 of the provisional agenda; Lundstrom A, Almerud M, Stevenson L(2008). Entrepreneurship and Innovation Policies: Analysing Measures in European Countries. Innovation policy research for the Economic Growth Working Group, Swedish Foundation for Small Business Research.

在评估方法上，课题组采用联合国开发计划署（UNDP）所使用的支撑（Support）、能力（Capacity）、价值（Value）三元评价体系[①]。创新环境，为创新创业提供基础支撑，由制度环境决定的创新要素的自由配置环境，是生存和发展的条件和基础，是"双创"的制度性土壤；创新资源，体现一个社会的创新能力，强调本地区高效调动和使用各类公共部门和私人部门资源的能力，以期持续创造经济效益和社会效益；创新绩效，体现本地"双创"资源投放价值，反映创新创业资源投入产出情况和经济效用成果。这一指标体系在一定程度上可反映一个地区大众创业、万众创新现状，可评估其创业创新活跃程度和发展潜力。环境评估指标主要包括市场条件、开放环境和创业教育培训三个方面；资源评估指标主要包括人才、资金、载体和研发与技术转化四个方面；绩效评估指标主要包括营利和专利两个方面。课题组选取深圳、上海、北京、广州、武汉、杭州、苏州、西安8个国内主要城市的"双创"发展现状进行比较，分析国内"双创"发展环境下深圳"双创"发展的优势和不足。

[①] United Nations Development Programme, Handbook on Planning, Monitoring and Evaluating for Development Results, 2009, P37. http://www.undp.org/eo/handbook.

创新创业环境

◎ 市场条件

　　城市的公有制企业数量及占比情况，一般用来分析当地市场环境的竞争或垄断程度。2014 年末[1]，深圳国有企业和集体企业 1782 家，国有和集体企业占深圳企业总数的比例为 0.21%。数据显示，与各城市相比，深圳国有企业和集体企业数量相对较少。北京国有企业和集体企业有 17411 家，占北京总企业数比重为 1.78%，杭州国有、集体企业共 2700 家，占企业总数的 1.24%。国有企业和集体企业占比较高的城市还有武汉（2.37%）、广州（3.92%）和西安（4.58%），比重较低的有上海（0.67%）、苏州（0.72%），见图 1-1。由此可以判断，深圳的市场环境相较于其他城市更趋向于竞争性，非公有制企业为主的经济结构有利于培育自主创新创业的氛围。

---

　　[1] 由于数据发布具有滞后性，部分地区数据最新为 2014 年，为确保数据的可对比性，统一采用 2014 年数据进行比较研究。在不妨碍对比的情况下，课题组尽量采用 2015 年和 2016 年最新的数据，以确保研究的时效性。

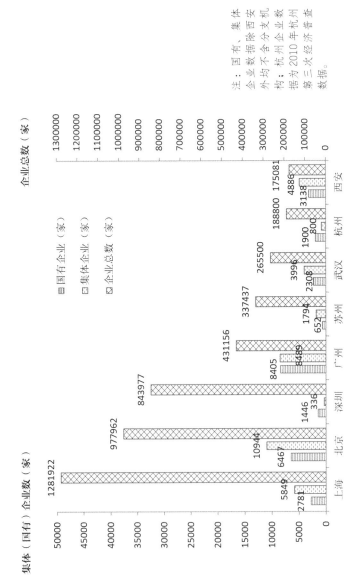

图 1-1 2014 年 8 市企业所有制情况

注：国有、集体企业数据不含分支机构；杭州企业均为 2010 年杭州第三次经济普查数据。

在民营经济发展及其经济贡献方面，深圳民营经济发展的市场环境不断优化。截至 2015 年 12 月，深圳民营企业数量达 108.30 万家，占总企业数量的 96%；全市民营经济实现增加值 7488.60 亿元，同比增长 22%，占深圳地区生产总值的 42.80%，相比 2014 年提升了 4%。

在中小企业发展以及经济贡献程度方面，中小企业作为创新创业的主体活力在不断增强。截至 2014 年底，深圳全市工商登记注册的中小企业 84.10 万家，占全市企业总数的 99.60%；新增中小企业 21.40 万家，占总体新增企业数量 91.66%，同比增长 35%。近年来，中小企业呈现的发展态势是企业基础数量庞大且增长迅速；经济贡献程度方面，中小企业创造的生产总值约为 7600 亿元，对深圳地区生产总值贡献程度为 60%；上缴税收 1395 亿元，税收贡献程度约为 43%；在 4700 多家国家高新技术企业中，中小企业占了 80%。民营经济和中小企业的迅速发展，对深圳经济的贡献程度的增大，说明深圳市场经济的自由自主活跃度在加大，有利于自主创业和持续创新。

◎ 开放环境

一个地区全年进出口总额指标能够反映该地区的国际贸易规模以及对外贸易状况。通过分析对外进出口金额变化情况，可以评估其国际市场参与程度以及市场开放程度（见表 1–2，图 1–2）。

表 1–2　2013—2015 年 8 市进出口总额一览表

名称	2013 年（亿美元）	2014 年（亿美元）	2015 年（亿美元）
深圳	5374.74	4877.41	4425.58
北京	4291.00	4156.50	3195.90
上海	4413.98	4666.22	4568.23
广州	1189.44	1306.00	1338.70
武汉	217.52	264.29	280.72
杭州	650.71	679.98	665.66
苏州	3093.50	3113.10	3053.50
西安	179.85	249.32	287.43

注：西安 2015 年统计年鉴公布的 2014 年西安进出口总额 1532.15 亿元，转换为美元为 249.32 亿美元（2014 年人民币对美元平均汇率 6.1453）。

数据来源：8 市 2015 年统计公报。

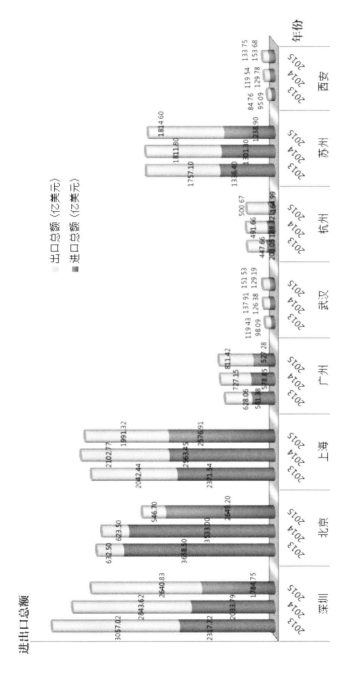

图1-2　2013—2015年8市进出口总额柱状图

数据来源：8市统计局。

从 8 市进出口总额统计数据来看，深圳依然是外向型经济强市，但面临的竞争更加激烈。深圳的进出口总额连续 3 年下降，从 2013 年的 5374.74 亿美元，以平均 9.30% 的速度降为 2015 年的 4425.58 亿美元；北京更是以平均 13.2% 的速度降为 3195.90 亿美元，3 年连降。两个城市的下降幅度都比较大。而广州、武汉和西安 3 年的进出口总额都实现持续增长，平均增长速度分别为 6.15%、13.86% 和 26.96%，对外贸易市场处于拓展状态。上海、杭州和苏州的进出口总额有不同程度的先增后降波动，但变化基本不大。从这 8 个城市的进出口总额排名来看，上海、深圳、北京和苏州属于国际贸易规模大、国际市场活跃度比较高的城市，而武汉、杭州和西安国际贸易规模比较小，除了因为地处内陆，产业结构和外贸结构差异也是重要原因。

从出口总额和进口总额数据来看，深圳的出口总额大于其进口总额，始终维持贸易顺差，出口总额 3 年平均下降速度为 7.06%，进口总额平均下降速度为 12.25%，而 2013—2015 年出口与进口差额分别为 739.30 亿美元、809.83 亿美元和 856.08 亿美元，在进口和出口都呈现下降趋势的情况下，贸易顺差仍在拉大；而且，出口总额远远高于其他大城市。根据深圳统计公报，截至 2015 年，深圳实现出口总额连续 23 年居于国内各主要城市首位。由此可见，深圳鼓励促进外贸出口以拉动对外贸易的政策有一定的实施效果，深圳参与国际市场的程度和本地出口竞争力始终保持在较高的水平。

在全国对外进出口总额总体呈现下降的情况下，深圳意识到促进外贸增长的关键点在于创新驱动发展，提高产品技术含量，打造具有国际竞争力的高端产品，同时创新转型升级和优化外贸结构，才能更好地引领国内市场走向国际化。因此，深圳在建设创新创业综合环境的同时，重点培育和支持以技术研发为基础的"双创"发展体系，重视本地制造业转型升级，重视高科技企业技术投入和研发，凸显其拉动外贸增长的引擎力量。

从高新技术产品出口情况分析，2015 年深圳全年出口总额中，高新技术产品出口总额为 1404.83 亿美元，占出口总额 53.20%，同比增长 4%，超过一半的出口来自高新技术产业，高新技术产业成为出口增长的重要支撑。对比 8 市的数据，苏州过半的出口总额是高新技术产品（54.70%），上海和武汉高新技术产品出口占出口总额比重也接近一半，而北京、广州和杭州的高新技术产品出口占比比较低（见表 1-3）。因此，苏州、深圳、上海和武汉的高新技术产业国际市场活跃程度较高，而北京、广州和杭州等城市需要加强产品创新，提升高新技术产品国际竞争力。

表 1-3　2015 年 8 市出口总额以及高新技术产品出口占比情况

名称	出口总额（亿美元）	高新技术产品（亿美元）	高新技术产品出口总值比上年增长（%）	高新技术产品出口总值占总额比重（%）
深圳	2640.83	1404.83	4.00	53.20
北京	546.70	140.40	−25.10	25.68
上海	1991.32	871.93	−2.10	43.79
广州	811.42	139.20	9.90	16.99
武汉	151.53	69.47	30.40	45.85
杭州	500.67	63.60	4.40	12.70
苏州	1814.60	992.40	1.40	54.70
西安	133.75	—	—	—

注：西安 2015 年度高新技术产品出口值缺省，可参考 2014 年陕西省高新技术产品出口 80.24 亿美元，占全省出口总额（139.29 亿美元）57.61%。

数据来源：8 市 2015 年统计公报。

总体来看，外向型的市场环境建设的竞争日趋激烈，未来城市间的竞争更趋向于开放型市场环境建设，凸显开放的质量和水平。

◎ 教育培训

地区的创业教育和技能培训是创业服务的重要支撑。因此，提供 MBA 课程的大学或机构数量指标能够集中反映本地区创业相关的专业教育服务水平。在创业相关的教育服务方面，深圳一度缺乏相对应的专业化教育和培训资源。北京 2014 年开设 MBA 课程的院校有清华大学、北京大学、中央民族大学等 33 所，数量居 8 个市首位。其次是上海，拥有复旦大学、同济大学等 14 所。此外，西安拥有 14 所，武汉 13 所，广州 8 所，杭州 6 所。苏州只有苏州大学 1 所。除去其他大学在深圳设立的 MBA 异地教学点，深圳也只有深圳大学 1 所设有 MBA 教学点的院校。在 MBA 课程招生数量方面，北京、上海、武汉和西安招生规模很大。中国 MBA 教育网 2016 年度各院校招生简章显示，北京的 33 所 MBA 院校共招生 5534 人，上海的 14 所院校共招生 4180 人。其余城市的情况分别为

广州 1630 人、武汉 1917 人、杭州 1140 人、苏州 100
人、西安 1720 人（见表 1-4）。根据深圳大学管理学
院 MBA 统计数据，该校平均每年的招生数量为 150
名左右。

表 1-4　2016 年 8 市院校 MBA 招生情况

项目	深圳	北京	上海	广州	武汉	杭州	苏州	西安
普通高等学校数量（所）	10	89	68	80	80	38	26	63
提供 MBA 课程的大学或机构数量（所）	19	33	14	8	13	6	1	14
MBA 课程招生数量（人）	2102	5534	4180	1630	1917	1140	100	1720
平均年龄（岁）	—	30.70	29.50	32	—	30	31	—

注：深圳的 MBA 院校数量包括异地教学点。北京 MBA 招生平均年龄参考 2014 年
北京大学和清华大学的数据，杭州 MBA 招生平均年龄参考 2014 年浙江大学数据，
上海 MBA 招生平均年龄数据参考 2014 年复旦大学和同济大学数据，广州 MBA 招
生平均年龄参考 2014 年华南理工大学数据。

数据来源：MBA 院校库：http://mba.mbachina.com/。

　　不过，近年来，北京大学、中山大学等一些重点
大学在深圳相继设立了 MBA 异地教学点，有效补充
了深圳的 MBA 教学机构资源。目前，这 19 所异地教
学点总招生数量已达 1952 人（见表 1-5）。

表1-5 在深圳设立MBA异地教学点的院校及招生数量

序号	院校（机构）名称	创办时间（年）	招生数量（人）
1	上海交通大学	1994	50
2	中南大学	1997	40
3	中南财经政法大学	1994	400
4	中山大学岭南学院	1997	60
5	兰州大学	1997	123
6	北京大学光华管理学院	1994	400
7	北京大学汇丰商学院	2004	120
8	北京科技大学	1997	60
9	华中科技大学	1994	49
10	华南理工大学	1993	170
11	南昌大学	2003	30
12	厦门大学	1991	100
13	同济大学	1993	60
14	山东大学	1997	70
15	武汉大学	1994	60
16	武汉理工大学	1997	100
17	西北工业大学	1997	30
18	西安交通大学	1991	30
		合计	1952

数据来源：MBA院校库，全国MBA报名服务中心：http://mba.mbachina.com/。

在 MBA 招生平均年龄方面，根据近年来相关高校公布的数据显示，MBA 生源结构呈现年轻化，招生平均年龄持续走低。MBA 招生低龄化趋势除了表明越来越多人认识到工商管理对自身成长和职业发展的重要性之外，也表明了时下创业者年龄趋低的走向。这集中反映出深圳创业环境的开放性在不断延展，抗风险能力在不断增强，深圳综合环境所提供的"双创"发展支撑力较强。

创新创业资源

◎ 人才资源

研究与试验发展（R&D）人员

深圳研发人员总量占优，密度偏弱。2014 年，深圳大中型企业从事科技活动人员有 25.71 万人，其中 R&D 人员 15.76 万人。仅凭借大中型企业的 R&D 人员数量，深圳就已经领先于其他 7 个市规模以上工业企业（包括大、中、小、微企业）的 R&D 人员数量。在 R&D 人员密度方面，深圳大中型工业企业 R&D 人员占全社会从业人员的情况为每万名从业者中，有

175.14 人从事大中型工业企业的 R&D 活动，低于苏州（每万名从业人员 R&D 人员数量为 197.87）（见表1-6）。

表1-6 2014年8市规模以上工业企业 R&D 人员数量

名称	R&D 人员数量（万人）	每万名从业人员 R&D 人数（人）
苏州	13.72	197.87
深圳	15.76	175.14
广州	8.02	117.86
杭州	7.41	113.14
武汉	5.18	97.65
上海	12.43	91.02
西安	4.58	85.96
北京	7.99	69.09

注：深圳的数据为大中型工业企业科技活动统计数据。

数据来源：8市 2015 年统计年鉴。

高等学历人口占比

人口受教育程度是人口素质的重要指标之一。高等学历（大专及以上学历）人口占比能够反映一个地区的高质量人力资源水平，尤其在国家提出"双创"的背景下，高等学历人群作为创业创新活动中提供先进技能和新技术的生力军，更体现了城市的"双创"

人才聚集能力。

深圳在受大学教育程度人口占比上处于相对落后地位。根据 8 个市 2015 年全国 1% 人口抽样调查数据，截至 2015 年 11 月 1 日零时，全国受大学教育程度人口占总人口的 11.53%；深圳受大学教育程度人口为 257.93 万人，约占全市总人口的 22.67%。其余几个城市占比情况分别为北京 36.3%、上海 25.86%、广州 24.42%、苏州 18.37%、西安 26.86%。"北上广深"的人才吸附能力比较大，是众多毕业生选择就业的去向。因此，在受大学教育程度人口占比上，北京和上海领先于其余城市，其次是广州、深圳（见图 1–3）。

本研究以每 10 万人受大学教育程度人口拥有量反映人才资源密度。纵向来看，2015 年深圳每 10 万人中受大学教育程度人口为 22668 人，与 2010 年相比，增加了 5024 人，5 年增长 28.47%，年平均增长率 5.69%；横向来看，2015 年北京每 10 万人受大学教育程度人口数为 36299 人，居榜首；其次是西安（26880 人）、上海（25855 人）、广州（23654 人）、深圳（22668 人）；最后是苏州（18379 人）；均高于全国平均水平（12445 人）（见表 1–7）。

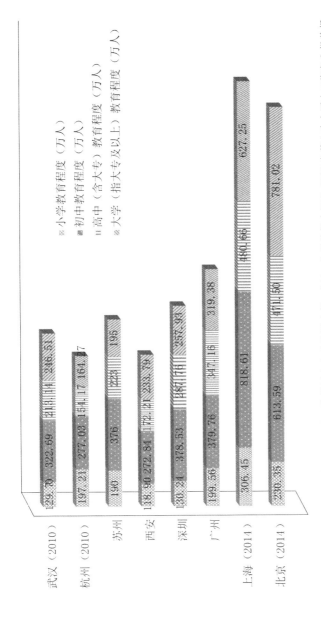

图1-3 2015年8市人口受教育程度情况

数据来源：各城市2015年全国1%人口抽样调查主要数据公报；武汉、杭州数据来源于2010年第六次全国人口普查公报数据。

表1-7　2015年8市每10万人受大学教育程度人口情况

名称	2015年每10万人中受大学教育程度人口（人）	2010年每10万人中受大学教育程度人口（人）	增量（人）	增长率（%）
上海	25855	21952	3903	17.78
北京	36299	31499	4800	15.24
深圳	22668	17644	5024	28.47
广州	23654	19228	4426	23.02
苏州	18379	13987	4392	31.40
西安	26880	22005	4875	22.15
武汉	—	25191	—	—
杭州	—	18881	—	—

注：2015年全国每10万人中具有大学教育程度的人口数为12445人。

数据来源：各城市2015年全国1%人口抽样调查主要数据公报；武汉、杭州数据来源于2010年第六次全国人口普查公报数据。

综上，北京和上海的人才资源总量占优，深圳和苏州的人才数量增长速度占优，而西安高等学历人口拥有量虽不高，但人才资源密度占优。

◎ 资金投入

研究与试验发展（R&D）经费投入情况

R&D经费投入占国民生产总值比重通常是国际

上通行的用以反映区域科技研发投入和技术竞争实力的评价指标。表 1-8 为 2014 年 8 市 R&D 经费投入情况:

表 1-8　2014 年 8 市 R&D 经费投入情况

名称	R&D 经费支出 (亿元)	R&D 经费支出 占地区生产总值比例 (%)
深圳	648.07	4.00
北京	1268.80	5.95
上海	861.95	3.66
广州	334.01	2.00
武汉	172.25	1.71
杭州	274.00	2.98
苏州	371.55	2.70
西安	287.12	5.23

注:武汉数据是规模以上企业科技活动数据。

数据来源:8 市 2015 年统计年鉴。

2015 年,深圳 R&D 经费支出达 709 亿元,占全市地区生产总值的 4.05%。纵向来看,深圳自 2008 年加大研发投入以来,R&D 经费投入持续增加,占地区生产总值比重也在稳步增大。"十二五"期间,由 2011

年的 3.6% 增至 2015 年的 4.05%。横向来看，2014
年深圳 R&D 经费投入占地区生产总值比重为 4%，大
约相当于全国平均水平（2.05%）的两倍，仅次于北京
（5.95%）和西安（5.23%）（见图 1-4）。这表明，深圳
的 R&D 经费投入强度在国内处于领先地位。

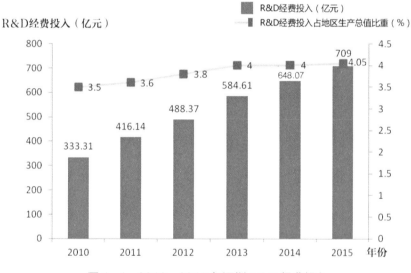

图 1-4 2010—2015 年深圳 R&D 经费投入
及占地区生产总值比重

固定资产投资情况

本研究从融资渠道考察一个地区创业的资金资
源条件。一般从政府的拉动作用和市场本身的拉动

情况两个方面进行分析。由固定资产投资总额来看，2014 年深圳完成的固定资产投资额为 2717.42 亿元，在 8 个市中最低，不及西安、苏州、上海和武汉等城市的一半，而北京的固定资产投资更是高达 7562.30 亿元，几乎为深圳的 3 倍。固定资产投资总额占地区生产总值比重由低到高分别为深圳 16.98%、上海 25.52%、广州 29.27%、北京 35.45%、苏州 45.28%、杭州 53.83%、武汉 69.54%、西安 107.49%。同期全国该指标水平为 80.49%（见表 1-9）。

表 1-9　2014 年 8 市固定资产投资情况一览表

名称	固定资产投资额（亿元）	地区生产总值（亿元）	固定资产投资额占地区生产总值比重（%）	公共资本（亿元）	公共资本占地区生产总值比重（%）	私人资本（亿元）	私人资本占地区生产总值比重（%）
深圳	2717.42	16001.82	16.98	856.32	5.35	1861.10	11.63
北京	7562.30	21330.80	35.45	2540.90	11.91	5021.40	23.54
上海	6016.43	23576.70	25.52	1851.29	7.85	4165.14	17.67
广州	4889.50	16706.87	29.27	1737.14	10.40	3152.36	18.87
武汉	7002.85	10069.48	69.54	2482.42	24.65	4520.43	44.89
杭州	4952.70	9201.16	53.83	1302.89	14.16	3649.81	39.67
苏州	6230.67	13761.00	45.28	2146.10	15.60	4084.57	29.68
西安	5903.98	5492.64	107.49	2119.66	38.59	3784.32	68.90

数据来源：8 市 2015 年统计年鉴。

一般情况下，投资占地区生产总值比重过高甚至超过 100%，说明投资过大，消费不足。根据国际经验，发展中国家的固定投资总额占地区生产总值的比重多数为 20%—30%，发达国家多数为 15%—20%。结合目前深圳人均地区生产总值水平，单从固定资产投资额占地区生产总值比重指标来看，深圳固定资产投资水平已可比照发达国家，较为良性均衡。

◎ 载体

创新创业平台

国务院以及地方政府为了给"双创"提供高效的服务平台，提升"双创"环境下创新和成果转化能力，促进科技与产业合作平台的对接，大力支持建设重点实验室、研发中心、技术中心等科技创新机构，以及科技企业孵化器、众创空间等。截至 2016 年，深圳国家级、省级、市级重点实验室共有 250 个，工程技术中心 293 个，科技企业孵化器 67 个，全市高新技术企业总量 7364 家，其中国家级高新技术企业 4739 家，深圳高新技术企业 2625 家。总体来看，深圳"双创"平台数量在 8 个市中处于中游水平，在高新技术企业数量上优势明显（见表 1-10）。

表1-10　2016年8市创新创业载体数量

项目	深圳	北京	上海	广州	武汉	杭州	苏州	西安
重点实验室（个）	250	391	139	289	154	160	135	241
工程技术中心（个）	293	285	236	657	308	35	996	106
科技企业孵化器(个)	67	59	25	85	191	83	77	100
高新技术企业数量（个）	7364	12388	5433	1662	1113	3537	2950	827

数据来源：8市科技局公布的载体名单。

企业新生率和净企业数量变化率

在"双创"政策性影响和商事制度改革作用下，深圳创业活动活跃度大幅提高。2015年，深圳新登记的企业总数为299925家，接近30万家，同比增长28.6%。截至2015年底，全市累计实有企业1128465家，与2014年同期相比，企业总数净增加284488家，企业新生率为26.58%，即平均每100家企业中有27家是年内新登记创立的企业；净企业数量变化率为25.21%，即平均每100家企业中净增加企业 25 家。

深圳企业新生率和净企业数量变化率均居全国之首。横向来看，上海实有企业总数为 1498179 家，其次是北京 1196320 家，深圳 1128465 家紧追其后，排名第三。前三位城市各自的企业总数远远高于其余几个城市（见图 1-5）。从年内新创企业数量来看，深圳新创企业数量和净增加企业数量最多，企业新生率和净企业数量变化率最高，表明深圳的创业活跃性达到前所未有的高度。各市企业新生率分别为北京 17.25%、上海 16.90%、广州 21.00%、武汉 18.34%、苏州 17.37%、西安 21.26%、杭州 17.62%；净企业数量变化率分别为上海 14.43%、广州 18.49%、武汉 14.41%、苏州 16.14%、西安 19.79%、杭州 16.50%。

◎ 研发与技术转化

总体行业就业特征

根据国内学者魏江等结合国内国民经济行业分类（GB/T4754-2002）体系和国际标准产业分类体系（ISIC/Rev.3）所提出的分类体系，知识密集型服务业主要包括金融业、信息业、通信服务业、科技

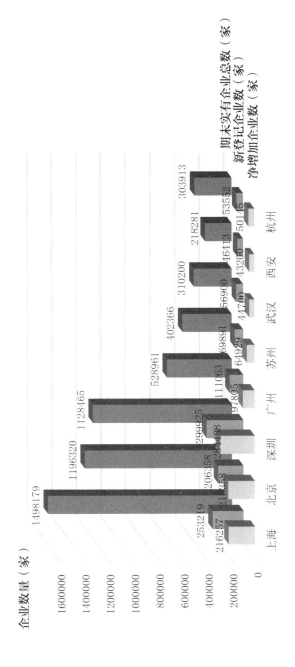

图 1-5 2015 年 8 市新创企业情况

数据来源：8 市工商管理局网站。杭州企业数为 2014 年数据。

服务业和商务服务业。而根据国民经济行业分类体系（GB/T 4754–2011）的分类方式，这四大类行业为金融业、信息传输／软件和技术服务业、租赁和商务服务业、科学研究／技术服务业。

按照国民经济行业分类体系关于知识密集型服务业的分类方式，分析数据显示，深圳4个主要知识密集型服务业从业人员数为116.28万人，占全市社会劳动者的12.92%，即每10万人从业人员中就有12925人从事知识密集型服务行业的工作。在北京社会劳动者中，每10万人中就有33389人从事知识密集型服务业（见表1–11）。知识密集型服务业是研发与技术转化的重要推动力量，该行业从业人数的多少，显示出这种力量的强弱。从上述数据可以看出，深圳在这方面的力量弱于北京和上海，同时也意味着深圳在支撑研发和技术转化方面的资源较少、能力不足。

新创企业行业分布

知识密集型服务业成为创业者热衷的领域。商事制度改革政策正式实施后，注册、创立新企业的便利性使得创立新企业的活跃度大幅提高，企业数

表1-11　2014年8市主要知识密集型服务业从业人员情况

名称	社会劳动者合计（万人）	金融业（万人）	信息传输/软件和技术服务业（万人）	租赁和商务服务业（万人）	科学研究/技术服务业（万人）	主要知识密集型服务业从业人员（A）合计（万人）	A占社会劳动者总数比重（%）
深圳	899.66	10.80	33.65	53.54	18.29	116.28	12.92
北京[1]	1010.50	45.90	84.40	124.40	82.70	337.40	33.39
上海	1365.63	34.42	45.72	125.88	43.92	249.94	18.30
广州	784.84	12.14	17.35	23.95	16.02	69.46	8.85
武汉[2]	522.24	2.60	9.53	17.56	14.04	43.73	8.37
杭州[3]	449.06	9.70	13.83	14.01	11.15	48.69	10.84
苏州[4]	695.20	6.42	10.40	20.81	9.70	47.33	6.81
西安	532.92	7.86	11.55	15.31	15.00	49.72	9.33

注：1. 北京数据为2014年度全市法人单位年末从业人员数（社会劳动者总数1156.70万人）。
　　2. 为2013年度武汉统计数据，来自武汉第三次全国经济普查。
　　3. 杭州的数据为2014年包括规模以上私营单位年末就业人数（社会劳动者总数654.92万人）。
　　4. 为2013年度苏州统计数据，来自苏州第三次全国经济普查。

数据来源：8市统计局。

量呈现爆发式增长，其中小微型企业占了绝大部分。从新创企业的行业分布情况来看，2015年深圳新创企业主要分布在批发和零售业、信息传输／软件和技术服务业以及金融业，占新创企业比例为70.58%。知识密集型服务业（金融业，信息传输／软件和技术服务业，租赁和商务服务业，科学研究／技术服务业）新创企业比例为29.93%，即新创企业中每100家就有30家是知识密集型服务行业的企业。

2013—2015年，信息传输／软件和技术服务业、金融业、住宿和餐饮业的新创企业数量占比持续增长。其中，增长最明显的是信息传输／软件和技术服务业以及金融业。信息传输／软件和技术服务业2015年新创企业数量为35108家，占总体新创企业的比例为11.71%；而在2013年该行业新创企业数量为8267家，占总体新创企业的比例仅为4.94%；到2015年比例数值增加了近7%；金融业2015年新创企业数量为29523家，占总体新创企业的比例为9.84%，比2013年增长了近8%。此外，居民服务业和科学研究／技术服务业新创企业数量占比也有一定幅度的上升，也是创业较为活跃的领域（见图1-6）。

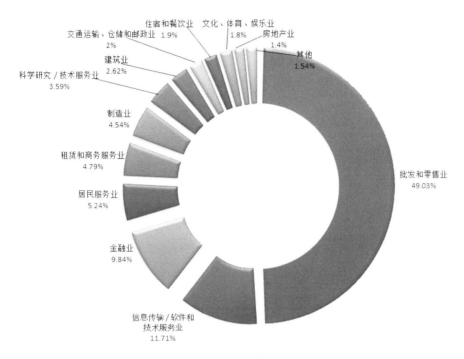

图 1-6　2015 年深圳新创企业行业分布

创新创业绩效

◎ 营利

从多个维度评价深圳地区"双创"发展效果，可以使整个评价体系更为立体而全面。深圳战略性

新兴产业和高新技术产业的快速发展，既说明产业
结构在迈向知识型和技术型中高端，也反映创业创
新活动的活跃（见图1-7）。

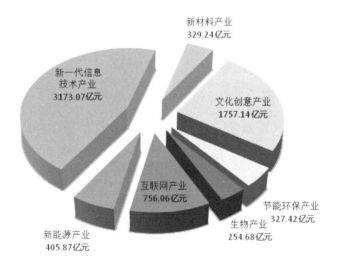

数据来源：深圳2015年统计公报。

图1-7 2015年深圳七大战略性新兴产业增加值

自2013年国家采用七大战略性新兴产业来衡量
高新技术产业、新兴产业的发展情况以来，深圳的战
略性新兴产业增加值由5002.50亿元增加到7003.48
亿元，占地区生产总值比重由34.33%提高到40.01%
（见表1-12）。2013—2015年，深圳七大战略性新兴

产业增加值年均增长近18%，成为促进经济稳定增长的主引擎。

从深圳战略性新兴产业增加值占全国的比重来看，2015年的占比达3.20%，高于同期的上海（1.70%），凸显了深圳新兴产业发展水平在全国的重要地位。

表1-12 2013—2015年深圳战略性新兴产业发展情况

年份	七大战略性新兴产业增加值（A）（亿元）	全国战略性新兴产业增加值（B）（亿元）	A占B比重（%）	深圳地区生产总值（C）（亿元）	A占C比重（%）
2013	5002.50	167000	3.00	14572.67	34.33
2014	5695.24	190000	3.00	16001.82	35.59
2015	7003.48	219000	3.20	17502.86	40.01

数据来源：深圳统计局、深圳2016年统计年鉴。

深圳统计局数据显示，深圳高新技术产业增加值实现较快增长。从2013年的4652亿元增加到2015年的5847.91亿元，年均增长率为12%，占地区生产总值比重由31.9%提升到33.4%，优于广州（12.64%）、西安（14.5%）和武汉（21%）；深圳的高新技术产业在华为、腾讯、华大、大疆、光启、比亚迪等行业翘楚引领下，整个产业结构和服务体系正向高端化发展。

◎ 专利

专利申请量和专利密度

专利申请量是衡量知识产权创造能力的重要指标，用于衡量一个城市的创新发展程度。在创业创新政策评估指标体系中，专利申请量以及人口占比指标用于评估创业创新政策实施的成果。

深圳国内专利申请量增长加速，为"双创"发展提供了坚实的知识产权基础。2015 年，深圳国内专利申请量为 105481 件，首度突破 10 万件大关。在 8 个市的专利申请量排名中位列第二位，仅次于北京。申请量排名前五位的分别为北京（156312 件）、深圳（105481 件）、上海（100006 件）、苏州（98704 件）。依照 2015 年公布的数据来看，全国专利申请量超过 10 万件的只有北京、深圳和上海。

深圳专利密度领先全国，专利产出效率位居第一。而在专利申请量人口占比方面，深圳 2015 年每万

人口专利申请量为 92.70 件，与苏州（92.98 件）不相
上下；总申请量最大的北京每万人申请量为 72.02 件，
排名第三（见图 1-8，图 1-9）。在专利申请量人口占
比上，深圳遥遥领先于除苏州以外的各个市。

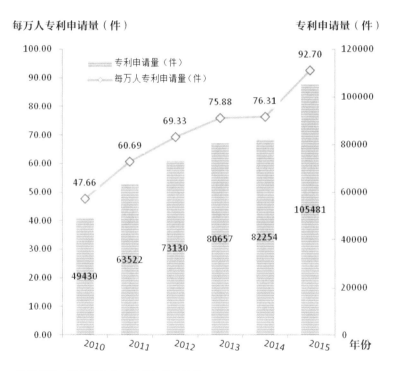

数据来源：深圳统计局、深圳知识产权局。

图 1-8 2010—2015 年深圳国内专利申请量和每万人专利申请量

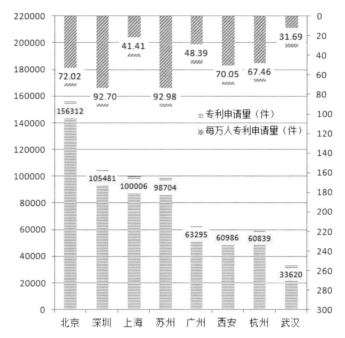

数据来源：8 市知识产权局、8 市 2015 年统计公报。

图 1-9　2015 年 8 市专利申请量和每万人专利申请量

国际专利申请情况

国内企业和个人申请国际专利的主要途径是通过《专利合作条约》（*Patent Cooperation Treaty*，简称 *PCT*。——编者注）提交国际专利申请。世界知识产权组织（WIPO）的数据显示，来自深圳的专利申请量在持续增加，说明深圳企业和个人的创新活跃程度逐渐国际化。

2015 年，深圳 PCT 专利申请量为 13308 件，占全国 PCT 专利申请量的 47%，同比增长 14.34%。数据显示，在整个"十二五"期间，深圳的 PCT 专利申请量占全国比重的平均值为 45.80%，始终是国内 PCT 专利研发和申请活动最活跃的地区。其增长速度虽有波动，但这 5 年的平均增长率为 10.90%，专利申请量一直在持续增加（见图 1-10）。

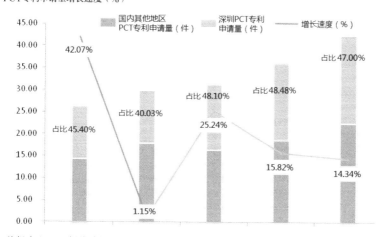

数据来源：深圳统计局、深圳知识产权局。

图 1-10 2011—2015 年深圳 PCT 专利申请情况

对比 2013—2015 年 8 市的国际专利申请情况，深圳的申请量始终位于榜首，且远远领先于北京、上海等市。据深圳知识产权局的报告，至 2015 年，深圳已经连续 12 年在 PCT 专利申请量上位居 7 市首位（见表 1-13）。

表 1-13　2013—2015 年 7 市 PCT 专利申请量

名称	2013 年（件）	2014 年（件）	2015 年（件）
北京	2981	3606	4490
上海	886	1038	1060
广州	463	554	623
武汉	166	207	387
杭州	385	381	426
深圳	10049	11639	13306
苏州	446	627	908

中小企业专利申请

深圳 2015 年度知识产权统计分析报告显示，专利申请主体的集中度在下降，中小微企业正在成为专利申请的主体力量。2011 年，深圳专利申请量排名前 30 位的大型企业和机构的申请量占全市总量的 33.75%，而 2015 年该比重则下降至 21.17%。2011 年，发明专利申请量排名前 30 位的大型企业和机构的申请量占全市总量的 62.73%，而 2015 年该比重下降至 46.07%。[①]

2015 年深圳专利申请量人均 6.22 件，大部分申请人为中小微企业或个人。合享新创 IncoPat 科技创新情报平台的专利统计数据显示，申请日期在 2015 年 1 月 1 日到 2015 年 12 月 31 日的、专利申请人地址为深圳的专利申请量为 79558 件。从申请人类型来看，74.2% 的申请量来自企业，21.4% 来自个人，1.8% 来自大专院校，大部分申请人为企业和个人（见图 1–11）。

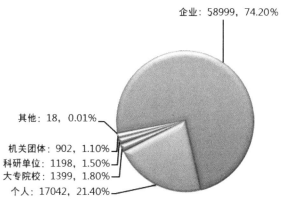

图 1–11　2015 年深圳国内专利申请人分布情况

---

① 资料来源：《深圳市 2015 年度知识产权统计分析报告》，第 11—12 页。

综合评估

由于每个城市单一指标作用于"双创"的方向各异，作用的大小也不尽相同，难以比较城市"双创"特征。课题组采用英国心理学家 C.E. 斯皮尔曼提出的因子分析统计方法，提取共性因子，测算综合指数。课题组使用统计软件 STATA 12.0 进行分析，分析结果如下：

将正交因子集按高载荷分为四类，并结合指标的经济含义进行因子命名。如果正交因子集中系数为负值，则表明该指标对该因子具有负向作用。以公有制企业比例指标为例，该指标值越大，对城市"双创"环境支撑所起的作用越弱。结合表 1-1 及联合国三元评价体系，因子 1、因子 2 和因子 3 分别体现了（环境）支撑、（资源）能力和（绩效）价值，因子 4 则体现了地区创新和创业的活力，称为"'双创'活动活力"（见表 1-14）。

表1-14 高载荷指标分类及命名

因子	高载荷指标	作用方向	因子命名
1	公有制企业比例、固定资产投资总额占地区生产总值比例、地区生产总值中公共资本的占比	负向	（环境）支撑
	对外进出口总额变化、知识密集型服务业的就业率、高新技术产业增加值	正向	
2	小微企业比例、提供MBA课程的大学数量、大学MBA年度招生数量、高等学历人口占比、从业人员中科研人员占比、全社会科研经费支出占地区生产总值比重、高新技术企业数量、本地区国内专利申请量	正向	（资源）能力
3	高新技术产业增加值占地区生产总值比重、PCT专利申请量	正向	（绩效）价值
4	企业年新生率、每万人国内专利申请量	正向	活动活力

通过对各市[①]主因子的加权评分，得到7个主因子的城市综合得分和城市排名。这里仅将各因子排名前三的城市和排名最后的城市列出（见表1-15）。对三元

———————

[①] 苏州未公布高新技术产业增加值数据，无法进行因子分析，故在因子评分中剔除了苏州。同时，国务院确定首批28个"双创"基地所在城市并无苏州，故并不影响对"双创"城市的比较研究及结论。所以，图1-12至图1-15中没有苏州数据。

评估系统进行综合分析，课题组获得基本判断如下：深圳是高绩效实现型、高创新活力型、中度环境支撑型、低要素投入型的，在全国具有引领、示范作用的"双创"城市。

表1-15　4市"双创"因子得分和排序

（环境）支撑	（资源）能力	（绩效）价值	活动活力
上海（0.85）	北京（2.04）	深圳（1.61）	深圳（1.07）
广州（0.83）	上海（0.32）	武汉（0.89）	西安（0.88）
深圳（0.75）	西安（0.11）	北京（0.37）	杭州（0.43）
西安（-1.8）	深圳（-0.85）	杭州（-1.16）	武汉（-1.79）

◎ 深圳是高绩效实现型"双创"城市

（绩效）价值方面，包含高新技术产业增加值占地区生产总值比重和国际专利申请量。深圳以绝对优势排名第一，杭州在7个城市中排名最低。深圳向来注重"实干兴邦"，相比其他城市在绩效实现方面成绩卓著。

深圳、武汉、北京3个城市的创新绩效各项指标都高于平均水平,能够综合利用市场环境、教育培训资源、人力资源、资金投入和技术转化,将创新投入有效转换成创新产出。数据显示,杭州正处于从要素投入型向绩效产出型转换的阶段。杭州在"双创"绩效实现方面暂时落后于其他城市,然而当地每万名从业人员中科研人员和科技经费支出占地方财政支出比重方面都处于较高水平,尤其近年来每万人专利申请量增长迅猛,高于 7 个市的平均值。广州仍处于"双创"发展的初中级阶段,无论是在环境、资源还是绩效层面,都尚未形成独有的特征。广州虽然拥有丰富的高校资源,但在创新人才、资本、转化率、MBA培训、营利和专利等方面,表现都处于平均值以下(见图 1-12)。

◎ 深圳是高创新活力型"双创"城市

活动活力方面,包含了新创企业年新生率和体现创新活力的每万人国内专利申请量。深圳新创企业总量名列全国之首,新创企业年新生率名列 7 个城市之首。因此,深圳是高创新活力型"双创"城市(见图 1-13)。

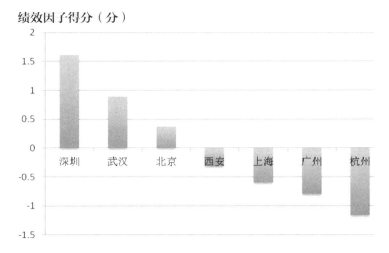

图 1-12　7市"双创"（绩效）价值因子得分

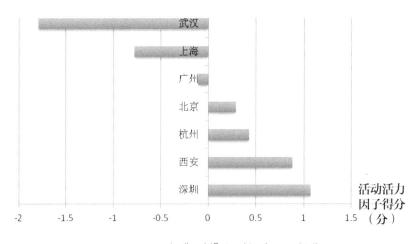

图 1-13　7市"双创"活动活力因子得分

城市"双创"的活力并不取决于地区创新创业的资源多少，而在于激发创新创业活动的制度体系和文化环境。深圳通过商事制度改革和一系列放松创新创业制度约束条件、降低创新创业成本的措施，激发了创新创业主体的自主性，实现了创新创业活动的爆发式增长。深圳商事主体总量、企业新生率和创业密度居全国大中城市首位。2015 年，深圳新创企业近 30 万家，企业新生率 26.58%，创业密度大，平均每 10 人就有 1 名创业者。

与之相比，武汉的情况则完全相反。武汉是全国高校集聚最多的城市之一，每年高校毕业生数量排全国前列，但创新资源生产地并未转换为创新创业的活力地区，这可能是因为其企业制度性交易成本过高。

◎ 深圳是中度环境支撑型"双创"城市

环境支撑方面，包含了所有制结构、资本投资结构、对外开放度、"双创"服务能力和高技术产业基础等。综合来看，上海得分最高，排名第一，西安排名最后，深圳名列第三，属于中等水平（见图 1–14）。

深圳在非公有制企业数量占比、对外进出口总额占全国比例等方面领先全国，但是在知识密集型服务业发展方面相对滞后，"双创"得以快速成长的中介力量稍显薄弱，提供 MBA 课程的大学数量等指标也略低于其他城市，在教育培训方面与北京和上海还有较大差距。

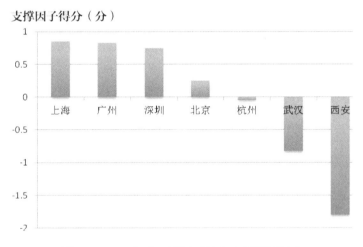

图 1-14　7 市"双创"（环境）支撑因子得分

尽管北京和上海在"双创"环境支撑方面表现都较为突出，市场条件、开放环境和教育培训方面都领先于其他城市，但北京公有制企业比例是上海的 3 倍，且公共资本支出占地区生产总值的比重高于上海

10%。这两个因素对"双创"环境的影响均表现为负向作用，从而拉低了北京的综合评分。

◎ 深圳是低要素投入型"双创"城市

（资源）能力方面，包含教育能力、研发能力、高技术发展能力和可利用专利存量等。综合来看，北京得分最高，排名第一，深圳排名最后。相比其他几个城市，深圳属于低要素投入型城市（见图1-15）。这一方面是由于历史原因，另一方面与深圳企业重视技术转化有显著关系。

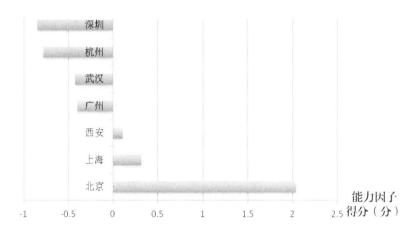

图1-15 7市"双创"（资源）能力因子得分

在教育资源、人力资源和研发投入方面，深圳不如北京等老牌高校资源集中的城市，甚至在部分指标上不如其他几个城市。然而，这也反证了深圳通过走"移民城市"路线实现快速发展的经验，是值得"双创"要素资源缺乏的城市借鉴的。深圳在"双创"绩效上的成功，打破了封闭创新倡导的使用本地资源创新、完全本地培养和生产创新要素的观念，是开放创新的真实成功例证。

不难发现，通过制度性开放提高本地开放度，增加本地创新资源与外部创新资源之间的连通性，是开放创新的基础条件。其直接的影响结果就是，本地要素使用比例的下降和要素利用效率的提升。当然，开放创新并不意味着不培养本地创新创业要素，当低要素投入影响基础研究和创业要素流动频率时，将对"双创"绩效产生负向的作用。

深圳"双创"的前沿趋势 第二章

　　"双创"的过程是打破传统经济结构、建立新经济结构的过程。这一过程的典型特点是，以知识为主要生产要素，打破传统经济要素报酬边际递减的规律，建立发挥知识经济报酬递增特征的体制；以新的企业制度为基础，打破传统企业制度内生产关系对立的局面，建立激励相容的企业制度；以网络经济为核心内容，打破传统企业和政府利益封闭的局面，建立开放共享的社会契约制度。[①]

　　基于联合国的（环境）支撑—（资源）能力—（绩效）价值三元评价系统框架，进一步将"双创"活动分解为5个部分："双创"主体、"双创"要素、"双创"

---

① 苏东斌. 选择经济［M］. 北京：人民出版社，2001：204—207.

过程、"双创"绩效和"双创"环境。从 5 个维度对深圳"双创"活动的最新动态进行考察,以期从深圳"双创"活动新动态中获得不依赖于个体与城市而独立存在的特征、规律和趋势,为全国"双创"发展和研究提供样本(见图 2-1)。

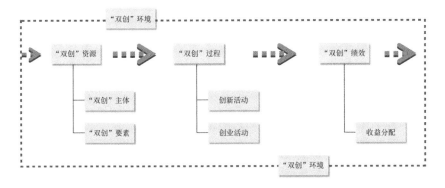

图 2-1 "双创"评估框架分解

"双创"主体身份复合化

作为创新主体的个人身份多元化,已经成为"双创"的重要特征。从科学家到企业家的转变,从具有"工匠精神"的技术人员到管理者的转变,从具有"创客精神"的爱好者向具有"企业家精神"的运营者转变，"双创"主体的知识宽度在不断拓展。劳动力市场从同质性向异质性的转变，意味着更加多元和多层次的劳动力市场正在形成。劳动者身份的转变和复合化，加速促进多元劳动力市场形成，同时对终身教育提出了更高的要求。

◎ 科学企业家

20多年前，企业家找到科学家成就了伟业。柳传志、张玉峰、万润南分别找到科学家倪光南、王选、王辑志，开发了联想式汉卡、方正激光照排系统和四通打字机，成就了联想、方正和四通公司。如今，越来越多的人以科学家和企业家双重角色，出现在人们的面前。

汪建、刘若鹏、刘自鸿……这一个个闪亮的名字都有着双重身份：他们既是科学家，也是企业家。他们是特定技术领域的一流专家，为中国独立自主研制国际一流的技术和产品做出了贡献，同时具有创新能力和经营管理能力，带领团队创业，亲自参与发明的商业化，是熊彼特式企业家在市场上的代表。**科学**

家转型科学企业家，是从技术供给到商业供给，从
0 到 1 的质的跨越。

◎ 工匠创业者

工匠精神，就是追求极致的精神，并且专业、专注、着眼于持续改进。2014 年的深圳质量指数评分为 171.01 分，较 2010 年（基准分 100 分）提高了 71.01%，表明深圳加快迈向"质量时代"。"质量深圳"为工匠创业者提供了肥沃的土壤。

深圳不乏"工匠"出身的创业者在细分领域创业获得成功的案例。"汇川技术"董事长朱兴明担任过华为某产品线总监，2003 年创办"汇川技术"，在机器人伺服器领域深耕不辍。2010 年"汇川技术"上市，如今已成长为伺服器市场龙头企业；"品尚红酒"的创始人张辉军在华为负责欧洲市场华为软件产品的销售，2010 年创办"品尚红酒"，在红酒电子商务领域持续创新，已成长为国内最大的酒类电子商务综合服务公司；"微车联合"创始人包炬强创业之前是腾讯QQ 产品经理，后推出以 O2O 服务为基础的车主移动服务平台，在平台型产品领域持续拓展，2016 年上

半年成功完成了 B 轮融资 1.5 亿元。如今，越来越多长期工作在一线、专注特定领域的人员走上创业的道路，并在细分行业领域持续改进、迅速成长。

◎ 星火创客

从创客到创业者，是从爱好到事业的转变，也是从思想活跃的创意者向思维缜密的经营者的转变。岸泊信息科技有限公司创始人高磊是"柴火空间"中走出来的创客。2014 年，他带着可穿戴智能健康设备的设计图，在富士康成立的专门为创客服务的工厂 InnoConn 制作了样品，进而走向创业。2015 年 8 月，68 岁的创业者乔宏在深圳工商论坛上展示了自主研发的具有国际先进技术的"寿百瑞"智能养老家居产品——失能老人智能翻身床，获得高度赞誉。①然而，从"创客精神"到"企业家精神"的转变，还有很长的路要走。

---

① 科技创业投资. 在深圳从创客到创业［OL］. 排骨网，2015−02−10. http://www.paigu.com/a/42410/36739675.html.

创造性要素流动加快

制约要素流动的交易成本迅速下降，产业之间呈现出高速模块化和密集连接的特征。围绕ICT（是信息、通讯和技术三个英文单词Information、Communication和Technology的首字母组合。——编者注）核心技术不断拓展的电子信息行业、电气机械行业、装备制造行业等快速发展，形成国际化的产业集群和组团式发展模式。行业之间共享相同或类似的基础技术、人力资本等核心要素，形成了具有关联性的规模优势、知识外溢和知识融合。基于基础技术共性，产业要素在深圳企业、行业和各国间快速流转，并把不同的行业更好地连接起来，提高了生产效率。

◎ 资本和人才跨国流动

海外高层次人才永久居住制度的完善，为"双创"国际人才引进提供了政策支持。2016年7月，公安部正式批复同意广东省自2016年8月1日起，实施支持广东自贸区建设和创新驱动发展的16项出入境政策措施，为海外高层次人才和创新创业人才提供出入境和停居留便利。这在一定程度上解决了海外创新创业人员身份问题和停留时间问题。

2011 年，深圳推出引进海外高层次人才的"孔雀计划"。截至 2015 年 11 月，深圳"孔雀计划"共引进海外高层次人才 1219 名，外籍专家 86 人，其中留学归国人员占 92.3%。截至 2015 年底，经深圳确认的海外高层次人才 1364 名。这些高层次人才的研究领域涵盖生物医药、电子信息、医疗器械、新材料、先进制造及新能源等深圳重点发展的战略性新兴产业和未来产业。5 年间，深圳科研人员共发表高水平论文超过 1100 篇，累计申请超过 100 项 PCT 专利、3200 项发明专利。授权发明专利超过 450 项，约占专利授权总量的 80%。[①]

资本跨区流动的探索正在进行。2016 年 9 月 30 日深交所正式发布《深港通业务实施办法》及相关业务规则。"深港通"的实施，不仅给深圳带来"钱"途，更重要的是，通过学习香港的金融基建和制度体系，

① 王海荣. "孔雀计划"打造深圳人才创新金字招牌 [OL]. 深圳新闻网，2016-07-02. http://www.35rc.com/news/766721.html.

提升深圳金融的国际化水平和服务质量,更好地支持深圳国际化创新发展的道路。

◎ 技术和土地跨行业流动

"互联网+"加速产业融合,新兴行业不断涌现。互联网产业快速发展,互联网技术逐步向制造业、金融业、物流业、居民服务业等领域流动,促进了智能制造、互联网金融、电子商务、智能家居、智能物业等新兴产业的兴起。2015 年,深圳新一代信息技术产业增加值 3173 亿元,同比增长 19.1%;互联网产业增加值 756 亿元,增长 19.3%。

土地和用房跨行业流动加快。2013 年,深圳出台优化空间配置促进产业转型升级的"1+6"文件,提供更加开放、务实的空间资源供给和服务平台,将创新型产业用房建设、土地供给、地价测算、工业楼宇转让、闲置土地处置和产业配套住房建设等作为要素供给系统进行考量,实施差别化、房地并举、节约集约、存量挖潜等创新管理模式,加快空间资源向战略性新兴产业、未来产业、总部经济、先进制造业和优势传统产业等倾斜。《深圳市创新型产业用房管理办法》（包括 2013 年和 2016 年两个版本），通过四大渠道增加创新型产业用房，包括由政府或承担政府投融资任务的综合性平台企业投资建设、回购或统租，企业通过"招拍挂"方式取得建设用地使用权建设后按照一定比例移交给政府，在城市更新项目中以一定比例配建，或其他符合政策规定的筹建方式。

◎ 人才和管理跨企业流动

"跳槽"和管理技术的外溢更加频繁。相关数据显示，华为在职员工工号已达到 32 万，实际在职员工 16 万人，业界估算离职员工有 12 万人。领英发布《2015 年中国职场人跳槽报告》显示，流入上海工作的人才数量是离开上海人才的 1.9 倍，流入深圳工作的人才是离开深圳人才的 1.7 倍；中国职场人士跳槽平均时隔一年半左右，频率显著高于美国；商业服务（律师事务所、会计师事务所、咨询公司等）、金融保险、互联网公司等为在职平均时长最短、跳槽频次最高、员工流动性最大的行业。《深圳晚报》报道的某招聘网站一项调查显示，2016 年春节后，深圳白领跳槽达到高峰，55.6% 的白领更新简历处于"找工作中"，10.9% 的白领开始办理离职和入职手续，肯定不会跳槽的仅有 5%。剧烈的产业结构调整、新兴产业的高薪水平是促使跳槽频率上升的主要原因。[①]"跳槽文化"虽然会造成企业发展的不稳定性，但也加速了管理知识和技术知识在企业间的扩散和融合，形成了正外部性，推动了创新创业的快速发展。

"双创"过程模式更加多元

从静态上看，深圳"双创"呈现出从局部到全面创新的生态活力；从动态上看，深圳"双创"具有"从 0 到 1"和"从 1 到 N"双重模式。在深圳，市场具有自由配置资源的权力，因此，企业组织创新和劳动力市场灵活性为"双创"活力的提升奠定了坚实的微观基础。

---

① 李秀瑜. 深圳跳槽高峰到来 逾五成深圳白领找工作中［OL］. 深圳晚报，2016-02-23. http://gd.qq.com/a/20160223/014785.html.

◎ 从细胞到生态的创新活力

个人：创客创新

深圳科创委数据显示，2015 年，深圳创业型的创客和带有兴趣爱好的创客共有 1 万多人，新增创客空间 42 个，为创客提供硬件服务和软件服务的创客服务平台 30 个。《深圳促进创客发展三年行动计划（2015—2017 年）》提出的目标是，到 2017 年，创客空间达到 200 个，创客服务平台 50 个，创客超过 10 万人。

员工：工匠创新

数据显示，截至 2015 年底，深圳技能人才总量达到 286 万人。2015 年全国劳动模范、冠旭电子公司的彭久高，为了设计出一款高端耳机，在车间反复研究，最终设计出一款降空降噪的高精尖耳机，被包括新加坡航空公司在内的 15 家航空公司指定为飞机专用耳机。如今，标准、质量、品牌、信誉"四位一体"已经成为"鹏城工匠"的典型特征。

企业：协同创新

协同创新开始走向国际化。通过实施"走出去"战略，华为在全球设立 16 个研发中心和 36 个联合创新中心，创新网络遍及全球；中兴通讯在全球建设 16 个创新中心；华大基因成功收购全球知名的美国 CG 基因测序公司。

机构：组织创新

新型科研机构是近些年出现的创新主体，突出特点是资源配置市场化、投资主体多元化、管理机制企业化、产学研功能一体化①。2008 年深圳颁发的《关于加强自主创新促进高新技术产业发展若干政策措施》，为新型科研机构的发展提供了政策保障。截至 2015 年底，深圳先进技术研究院、华大基因、光启等新型研究机构已达百余家。

政府：制度创新

2013 年，深圳率先推进商事制度改革，公司注

---

① 刘众. 深圳新型科研机构成先锋［OL］. 深圳特区报，2013-05-28. http://sztqb.sznews.com/html/2013-05/28/content_2495266.html.

册资本、注册场所、经营范围等门槛均取消或降低，新创立企业数量从 2012 年的 8.62 万家增长到 2013 年的 16.7 万家、2015 年的约 30 万家。前海蛇口自贸区自 2015 年挂牌以来，研究制定了高标准投资贸易规则、金融、深港合作、法治、人才和体制机制等六大创新方案，累计推出 102 项改革创新成果，设立前海法院以打造国际化的营商环境。

2015 年下半年以来，深圳市委、市政府就把"抓创新抓企业抓人才"确定为"十三五"开局的头号工程进行系统谋划，召开座谈会 126 场，收集问题 865 个，形成了清晰的政策"靶向"，找准"症结"与"痛点"，于 2016 年 3 月集中出台了《关于促进科技创新的若干措施》《关于支持企业提升竞争力的若干措施》《关于促进人才优先发展的若干措施》。"三项政策"新增的政策达到 261 个，占所有政策的 65%。政府拿出引导资金，设立规模为 2300 亿—2700 亿元的各类型产业、企业发展基金，为企业提供有力的资金支持。深圳出台的"三项政策"以科技创新、企业和人才为突破口，通过制度创新释放制度红利，形成制度动力，为深圳持续发展注入新的动能，也为全国范围内推进供给侧结构性改革提供了很好的样本，也提供了一系列重要的启示。

◎ 突破与延续并存的创业模式

跨界联合

2015 年，是互联网与硬件制造商跨界融合的元年。3 月，富士康、腾讯、和谐汽车宣布在"互联网 + 智能电动车"领域开展战略合作；7 月，深圳华强集团与腾讯在深圳共同发布"腾讯华强双百亿创客计划"，投资 100 亿元，计划在 3 年时间里打造 100 家估值过亿元的硬件创业公司。

谱系式裂变

深圳诞生和培育了一批包括华为、腾讯等在内的知名企业，成为创新创业的"黄埔军校"。他们的部分员工从大型企业走出来创业，逐渐聚集"华友会""南极圈"并形成新的创新创业生态圈，被称为"华为系""腾讯系"等。IT 桔子数据库显示，有"腾讯系"工作经历的创业者共 354 名，其中，2015 年新增"腾讯系"创业者为 139 名；有"华为系"工作经历的创业者超过 150 名。

新型研究院也成为"蒲式创业"①的代表。深圳先进技术研究院成立 8 年，培育企业 160 家，资产规模达 65 亿元；深圳清华大学研究院累计"孵化" 600 多家高新技术企业，创办、投资了 180 多家高新技术企业和 15 家上市公司。

内部创业

早在 2000 年，华为为了解决机构庞大和老员工问题，鼓励内部创业，将生产、公交、餐饮等非核心业务与服务业务以内部创业方式社会化，先后成立了深圳华创通公司等企业。时至今日，中兴、腾讯、联想等纷纷建立内部创业孵化机制，鼓励员工内部创业或者设立投资基金以及创业孵化基地培育新项目。

涌入的创业者

据深圳外国专家局不完全统计，深圳由海外留学

---

① "蒲式创业"是指大量创业人才从成功的企业中出来创业，像蒲公英一样分散出去，形成"蒲公英"现象。这一说法，最早出现在 2014 年第二届浙商创新创业大赛总决赛。

人员回国创立的"留"字号企业已超过 1700 家，超亿元产值的逾 30 家，几乎 100% 属于智慧型的科技创业企业。如华大基因、柔宇科技、大疆无人机、光启材料、华因康、莱恩精机……近年来，由海外留学人员回国创立的企业如雨后春笋般涌现，推动深圳在高新技术领域的快速发展。比如，深圳基因测序和基因组分析能力位居世界第一，超材料研发专利数量占全球 85%，无人机应用市场占世界市场份额超 50%。

资本的力量

深圳证监局发布的 2015 年监管年报显示，截至 2015 年底，深圳境内上市公司总市值 4.6 万亿元，居全国第三。2015 年在国内外交易所上市企业超过 320 家，中小板、创业板上市企业数量超过 125 家，连续 9 年居全国大中城市首位；在"新三板"挂牌的公司有 149 家，在前海股权交易中心挂牌的企业超过 4500 家。

◎ 企业创业比重超过个体创业

从创业方式来看，2015 年深圳企业创业数量首次超过个体创业数量，成为创业主方式。2014年，深圳企业总数 83.84 万家，个体户总数 87.54 万家，两者比例为 0.49∶0.51；而 2015 年的数据显示，深圳企业总数 112.85 万家，个体户总数 101.29 万家，两者的比例为 0.53∶0.47，企业总数首次超过个体户总数。自 2014 年开始，深圳新创企业数超过新创个体户数，创办企业成为创业方式首选（见图 2-2 和表 2-1）。

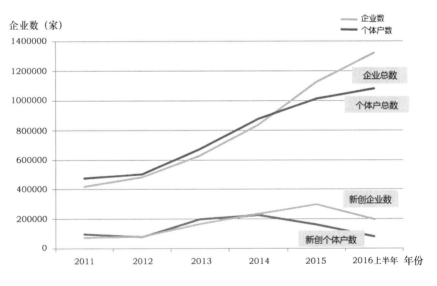

图 2-2　2011—2016 年上半年深圳企业和个体户数量变化图

表 2-1 2011—2016 年深圳企业创业与个体创业数量

年份	新创企业数量（家）	新创个体户数量（户）	企业总数（家）	个体户总数（户）
2011	75297	97522	417531	476858
2012	82142	76991	484651	504131
2013	167220	197508	630060	673739
2014	233281	225540	838354	875409
2015	299925	161598	1128465	1012858
2016 上半年	198961	81875	1325107	1080302

从创业领域来看，知识密集型创业逐渐成主流。2015 年，深圳新创企业仍主要分布在批发和零售业（含电子商务）、信息传输 / 软件和技术服务业、租赁和商务服务业几个行业中，占总体第三产业新创企业比例为 77.33%。第三产业中，知识密集型服务业（金融业、信息传输 / 软件和技术服务业、租赁和商务服务业、科学研究 / 技术服务业）新创企业比例为 32.63%，即在新创服务业企业中，每 100 家就有 33 家是知识密集型服务行业的企业。

批发零售业（含电子商务）仍是创业主领域，互联网和金融业创业火爆。2015 年，深圳创业企业中，批发和零售行业占 52.9%，其次是信息传输 / 软件和技术服务业（12.6%），再次是金融业（10.7%）。从增幅上来看，信息传输 / 软件和技术服务业较 2014 年增长了 239.2%，金融业较 2014 年增长了 711.3%。

分配方式持续创新

◎ 劳资关系股权化

作为一种股权激励方式，员工持股已经不是新鲜事物，但像深圳这样普及的地区在全国却属少数。员工持股的形式越来越多样，从是否登记注册上看，分为虚拟股票和实际股票，实际持股又可分为自然人直接持股和 SPV（特殊功能公司）代持。大部分创业者在创业之初就开始预留员工股份池，为优秀的人才提供激励。

有限责任合伙制被越来越多的知识密集型企业所选择。有限责任合伙制，适用于具有风险投资特性的经营活动，通过权责分离解决了个人无限连带责任与参与有限经营之间的矛盾。虽然中国尚没有对有限责任合伙制立法,但深圳新创立的企业中以契约的形式确定有限责任合伙制权责和分配关系的做法正在增多。

◎ 资本关系夹层化

夹层融资是处于债权融资与股权融资之间的一种融资方式,其最大的优势是灵活性,通过合作共赢、共担风险、共享利益来满足投资者与创新创业者之间的不同需求。一般来说,夹层融资包含了 3 种形式:含转股权的从属债务、可转换债和可赎回优先股。由于股权融资的内部收益率一般高达 25%—40%,且周期较长,容易导致股权控制丧失。夹层融资利率一般为 15%—20%,且债转股存在条件概率,这相当于提供了融资宽度。在这种情况下,夹层融资具有明显比较优势。深圳融资租赁业发展迅速,截至 2015 年底,前海融资租赁企业总数达 614 家,占全国的 17%,业务规模达 1200 多亿元。其中,盈华租赁成立 4 年,净资产规模达 13 亿元,名列前海乃至全国租赁行业前茅。

◎ 知识产权资产化

2015 年底，深圳申报前海蛇口自贸片区为国家知识产权投融资试点获批。目前，深圳正在申报知识产权质押融资试点。知识资产存在评估难、流通难、变现难问题，对于缺乏资产和资本的小微企业，受制于企业信用、有形资产和股权捆绑的传统融资方式，无法通过知识产权获得融资。2016 年，深圳知识产权局与北京银行深圳分行发布了"深智贷"产品，通过政府背书的形式解决知识产权质押融资难题。

知识产权专利许可和交叉许可已成为新知识产权的申请趋势。深圳 PCT 申请专利连续 12 年居全国城市首位，计算机软件著作权登记量 3.6 万件，占全国的 12%。如此巨量的知识产权资产需要实现市场价值，不能仅限于封闭创新。因此，越来越多的深圳企业开始采取开放创新的战略，与竞争对手和合作伙伴开展知识产权专利许可和交叉许可，加快知识产权的市场化和价值实现。

更加包容和可持续的制度环境

◎ "强区放权"强化区级政府制度供给能力

2009 年深圳启动市级机构大部制改革，2011 年启动区级机构大部制改革。其核心在"放权"，主要体现在以下方面：市政府向区政府放权，市政府有关垂直管理部门直接向其驻区机构放权，政府机构向社会和市场放权。2014 年，深圳提出区级政府权责清单，推动审批"减、放、转"，发布《深圳市市直部门转变政府职能事项目录》，取消、转为行业自律管理、下放事项 189 项。2016 年，深圳市政府工作报告中首次提出"强区放权"改革，进一步简政放权、放管结合，健全城市执法体制，完善公共服务多元供给机制，统筹推进户籍、教育、养老等领域改革。深圳多次放权的侧重点都在城市管理和社会管理权，其实质是增加区级政府制度供给的灵活性和提升基层政府对制度需求的快速反应能力，降低经济发展核心要素流动的制度性成本。深圳若干次的放权改革抓住了要素质量和要素配置效率这条经济发展的关键路径。正确识别出制约创新发展所需要的要素质量和要素配置效率的关键不仅在经济系统内部，而且在城市管理和社会管理系统内。"强区放权"满足了高收入技术人才和管理人才对深圳公共服务质量不断提升的要求，满足了新兴产业对缩短土地等要素从传统产业中转移出来的转化时间和降低交易成本的强烈要求。

"强区放权"给予了区级政府制度创新和制度供给的自由度，在创新实践最为活跃的区级层面实现了企业需求与政府供给的互动。区级政府根据区域发展实际创新制度供给，取得了切实成效。2011年底龙华新区成立时，拥有国家高新技术企业210家。2012年龙华新区出台降低国家高新技术企业申请成本的政策，截至2016年上半年，已有国家高新技术企业702家，4年增长334%。2015年8月，罗湖区全面展开城市更新改革试点，系统承接了原分散在市规土委、市住建局等7个市直部门的22项城市更新审批权，进行资源整合，流程再造，审批层级由4级变为2级，审批环节由25个变为12个，审批时间由

3 年压缩到 1 年[1]。土地要素向高配置效率主体转移的制度性成本大幅降低,创新型产业空间供给大幅增加。

◎ "需求导向"强化市场配置国际资源的决定作用

目前,全国国际要素市场改革滞后于国际产品市场改革进程,已经成为制约中国参与国际高水平竞争和分工的重要制度性障碍。国际要素市场分割导致了要素价格失真(高估),抑制了创新资源在地区之间的自由流动和企业的创新投入,削弱了市场机制对国际要素资源的优化配置功能。深圳与民间智库共同开展的"2016 年全球化·深圳 100"调查显示,深圳 50% 的企业还处于出口阶段,39% 的企业进入了区域型的跨国企业阶段,只有 11% 的企业真正达到了全球性企业的程度[2]。深圳企业走向国际化的需求强烈,2015 年,深圳对外直接投资规模居国内大中城市第三位。

---

[1] 慕伟,冯庆. "强区放权"激发城市发展新动力 [N]. 深圳特区报,2016-06-28.

[2] 王玉凤. 调研发现深圳企业走出去"狼性十足" 11% 的企业已全球化 [N]. 第一财经,2016-06-23.

　　针对民营企业全产业链国际化的迫切需求，深圳在国际化平台上构建"前海蛇口自贸片区"，渠道上打造"创新创业直通车"体系，对人才实施"孔雀计划"，在技术创新层面实施"走出去"战略和"特色学院"新路径。

　　2014 年，深圳开始搭建全球创新创业直通车体系，目前已经开通了深圳至美国、以色列、德国、法国、加拿大、韩国、丹麦、瑞典、荷兰、芬兰等 10 条创新创业直通车，全球创新资源加速集聚，实现与美国硅谷等国际创新区域的资本、人才、信息、技术和教育资源实时互通，形成更强大的创新创业氛围，为深圳创新生态体系和深圳自主创新示范区建设注入新的活力。

　　在深圳前海自贸片区，借助"自贸区＋自主创新示范区＋前海深港现代服务业合作区"政策优势，探索"双创"国际化发展道路，推动国际国内双体孵化器、离岸孵化器、深港"双创"基地等空间载体和资源平台，促进国际创客交流合作，为"双创"提供项目路演、投资联盟、孵化场地服务、全流程供应链服务、产品营销推广等一系列"双创"服务。

面对国际化人才紧缺的情况，深圳面向全球引进优质教育资源，积极探索具有深圳特色的专业化、开放式、国际化高等教育发展新路径，香港中文大学（深圳）、深圳吉大昆士兰大学、深圳北理莫斯科大学、清华伯克利深圳学院等一批国际高校启动建设或开始招生。

◎ "宽容失败"加快非正式制度创新演化

非正式制度在形式上构成某种正式制度安排的"先验"模式，核心是为建立供需市场提供可能，允许自由尝试和宽容失败。无论是企业还是个人，深圳都给予了宽松的创新环境。比如，对员工持股制度的探索，包括华为和招商银行均得益于这一宽松环境。对于创业失败者，仍可以享有深圳1年社保补贴。下面以新型研发机构和互联网金融行业为例，来说明非正式制度的产生和发展。

以新型研发机构的制度创新为例。新型研发机构是把创新研究院、创新型企业和创新资本结合起来的一种新型资源配置方式，具有基础研究，面向产业化，同时无事业单位编制的特点。新型研发机构有效解决了产业与科技"两张皮"的问题。民营研究机构给予研究团队自主选择科研方向、开展科学研究、实施科研管理的充分空间和自由，极大释放了科学研究的生产力。如今，新型研发机构已经成为深圳以市场化为主的科技管理职能转变的重要方向之一。

以互联网金融为例。深圳表现最为包容，除非企业触及法律底线，深圳市政府对于互联网金融公司的探索和尝试都给予包容的制度环境。深圳互联网金融规模、数量和质量都在全国名列前茅，与北京和上海比，具有"草根金融"的特点，传统金融行业的人纷纷下海，很多上市公司、创业者都在试图迈入互联网金融领域。2014年，深圳相继出台一系列重大金融改革文件，规划建设福田、罗湖和南山三大互联网金融产业园区，大力推动民营金融和互联网金融集聚创新发展、开放发展。2015年，李克强总理在前海考察国内首个互联网银行"前海微众银行"时，表示"微众银行一小步，金融改革一大步"。2016年，深圳市公安局对部分互联网金融公司开展信息登记工作，开始着手就近3年的非正式制度规范化工作。

"流动""合作""共享"是深圳"双创"新趋势

的关键词，而其中最为重要的应该就是由人承载的规则和文化的横向流动。"双创"最根本的行为主体是人，人是各种要素的基本载体。知识、资本、技术、劳力等都是随着人的行为而发生流动：科学知识和管理学知识伴随科学企业家的经营行为流动，资金伴随投资人的投资行为而流动，技术和土地依赖于人的生产行为而发生转移，人的创造力本身随着工作地点和内容的变化而转换。这种在空间范畴的横向流动中，本质上夹杂了人在知识、资本、技术、劳力等领域互动中获得的规则，这种规则也是文化的基本因素。深圳"双创"要素的自由流动、自由组合、自由分享，为技术创新、制度创新、文化创新和市场创新提供了无限的可能。这种不断扩展的可能，外在体现出的就是正在形成的知识经济得以发展的制度体系、激励相容的企业制度、开放共享的社会契约制度。

深圳"双创"成功经验总结 第三章

经过不懈的实践，深圳探索出了符合发展规律的"双创"路径。按照联合国（环境）支撑、（资源）能力、（绩效）价值三元评价系统，课题组认为，深圳"双创"呈现出鲜明的由创新要素决定的"塔形双创体系"（见图 3-1），即"塔基（创新基础）+ 塔身（创新主体）+ 塔尖（创新方向）"三位一体的塔形创新创业结构体系。

这个体系概括起来就是：以制度环境优化、创新要素集聚为支撑，以民营企业为主体，以高科技产业为方向，不断升级的"塔形双创体系"，并在市场规律作用下"自发地"形成了"制度供给—市场结构—市场行为—创新绩效"（SSCP）的发展范式。在深圳"塔形双创体系"中，制度环境优化大大降低了创新创业成本，保障了创新收益，激励和吸引了创新主体不断进入创新市场，形成竞争性市场结构，实现了创新资源高效协同；创新要素集聚为企业创新提供了人才、资金、载体支撑；民营企业直面市场竞争，成为创新主力，通过多元灵活的分配机制激发了创新动力，并通过中小科技企业增强了颠覆式创新基础，提升了创新耐力；以高科技产业为重点发展方向，促使深圳深度融入世界高科技创新浪潮，成功激发了高端人力资本潜力，并通过科技产业化充分实现了创新价值，促进"双创"过程实现良性循环。

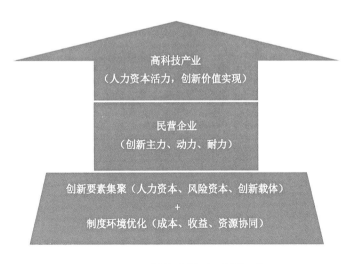

图 3-1 深圳的"塔形双创体系"

创新创业环境支撑：制度文化环境

深圳作为全国首个以城市为单位的国家自主创新示范区，具有浓厚的创新氛围和优越的制度环境。深圳的营商环境为创新创业提供了强大支撑。深圳营商环境建设对"双创"的贡献主要体现在 3 个方面：政府以其较高的办事效率降低了企业创新创业成本；通过对知识产权的保护，保障了创新者获得合理收益；搭建多种形式的创新平台，推动了各种创新资源协同，提升了创新成功的可能性。

◎ 提高制度供给水平和质量，保护创新创业收益

实施系统政策，激发创新活力

在社会分工深化的现代市场经济中，创新资源的协同对提升创新成功概率至关重要。随着市场经济发展，社会分工日益深化，专业化水平日益提高，单个创新主体往往只擅长某个环节的专业技能。而创新创业活动具有高度复杂性和系统性，覆盖了从创意萌发到产业化的全流程。创新创业要成功，需要各环节密切合作。社会分工深化规律与创新创业复杂性的对立，

决定了创新资源协同的重要性，彰显了创新系统的重要意义（见图3-2）。只有推出富有针对性的有力政策，才能更好对接创新链条中的各种资源，推动创新过程顺利实现，使创新成果最终形成市场价值。

深圳市委、市政府通过"抓创新抓企业抓人才"系统性谋划推动创新创业的政策体系，于2016年3月集中出台了《关于促进科技创新的若干措施》《关于支持企业提升竞争力的若干措施》《关于促进人才优先发展的若干措施》。"三大政策"聚焦供给侧，发力调结构，改革力度大，形成了互相关联、互相协同的政策体系。

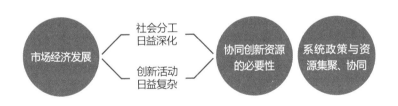

图 3-2　协同创新资源的必要性

《关于促进科技创新的若干措施》推出实施创新驱动发展战略的集成式、突破性、高含金量"政策包"。该"措施"提出4个方面62条举措，重点突出科技资金管理制度改革、成果转化激励机制完善、知识产权保护运用、境内外创新资源整合互动，着力解决科技资金使用难、成果转化难、收益分配难、产权保护难、空间保障难等问题，使中央"8号文件"得到全面落实，并提出多项创新举措。

比如，下放科技成果管理使用权限，允许市属高校、科研机构协议确定科技成果交易、作价入股，并大幅提高科研人员成果转化收益比例至70%以上等，极大激发了科技人员的积极性。又比如，放宽科研经费使用限制，明确可以用在"人头"上，规定项目资助资金不设置劳务费比例，并允许按规定在劳务费中开支"五险一金"；同时提高人员绩效支出比例至资助金额50%；会议费、差旅费、国际合作交流费用可自行相互调剂使用，使科研经费配置使用更加科学高效。再比如，建设集申请、预警、鉴定、维权援助、纠纷调解、行政执法、仲裁、司法诉讼于一体的知识产权维权制度，实现了知识产权既保护得住，又使用得好。此外，准许国有企业转让技术类无形资产；放宽转制科研院所、高新技术企业等管理层和核心骨干持股比例至30%；放宽创新型中小微企业不良贷款容忍率至 5%；探索建立"科技银行"，提供更具针对性的金融支持服务；建立容错试错机制等。这些举措都很具创新意义，有利于进一步激发创新活力。

《关于支持企业提升竞争力的若干措施》为企业减负增效、纾难解困、保驾护航打出政策"组合拳"。该"措施"提出 8 个方面 37 条举措，计划在"十三五"期间，从资金支持、创新驱动、环境优化、服务保障等全方位发力，覆盖各级各类企业。

比如，设立不同类型基金，注重运用市场化手段支持企业做大做强做优，包括设立 1500 亿元混合型并购基金支持国企并购重组；设立规模为 300 亿—500 亿元的重大产业发展基金和规模为 100 亿元的中小微企业发展基金支持实体经济发展。

又比如，针对首台（套）重大技术装备用户不敢、不愿用的"老大难"问题，对符合国家重大装备推广应用指导目录的首台（套）产品保费支出按 80% 予以补贴，实现销售后按售价给予最高 30% 的奖励（单项奖励不超过 1000 万元）。

再比如，在城市空间资源极度紧张的情况下，研究划定产业区块控制线，确保中长期全市工业用地总规模不低于 270 平方公里，占城市建设用地比重不低于 30%；同时，创新产业用地使用方式，探索建立"长期租赁、先租后让、租让结合"的工业用地供应制度，努力解决好企业发展最急迫的空间问题。

此外，建立中小微企业贷款风险补偿机制，大力发展动产融资，试行中小微企业融资担保风险补偿，以期有效解决中小微企业融资难、融资贵的问题；大力推动简政放权改革，取消市级涉企行政事业型收费，落实降低失业、生育、工伤保险缴费费率政策，切实减轻企业负担。

《关于促进人才优先发展的若干措施》围绕引才、育才、用才和激发人才活力提出系统性解决方案。该"措施"提出 20 个方面 81 条措施，计划在"十三五"期间财政总投入 220 亿元，涵盖人才引进、培养、评价、使用、激励等各个环节，覆盖院士、博士后、高校毕业生、创客等各层次、更广领域的人才群体，力求让各类人才"引得进""留得住""用得好"。

比如，在人才安居保障方面，建立人才公寓，完善高层次人才安居办法，加大初级、中级人才住房政策支持，给予新引进人才租房和生活补贴，制定境外人才住房公积金政策等。又比如，在释放市场活力和发挥用人主体积极性方面，提出推动人才管理部门简政放权，取消建立人力资源服务机构的行政许可，减少人才招聘、评价、流动等环节中的行政审批和收费事项，落实企事业单位和社会机构的用人自主权，设立人才创新创业基金支持人才创新创业等。再比如，在为各类人才"松绑"方面，实行高层次人才机动编制管理，支持事业单位科研人员离岗创业和大学生创新创业，建立企业家和企业科研人员兼职制度。

此外，通过构建全市统一的人才综合服务平台，大力度简化优化人才服务流程，建立高层次人才服务"一卡通"制度等措施，为人才提供更加便利和优质的服务。

提高政府效率，降低企业成本

政府办事效率是企业最关心的营商环境要素。政府办事效率直接影响企业家对投资成本的预期，影响企业对创新研发进行投资的积极性。一个地区政府存在的"跑断腿""瞎折腾""一碗水端不平"等办事效率低及不公平问题，是抑制民间投资的重要原因。图 3-3 是政务政策环境中企业比较关注的因素。如果深圳政府部门注重办事效率，着力提升办事流程的规范性及政策公平性，那么，就会使市场经济运行的制度成本大幅降低，使企业家能够在稳定的预期下合理安排投资经营活动。深圳利用立法权优势为市场经济打造法治基础，建立起较为完善的法规体系；并且，经过多轮行政体制改革、行政能效改进，市场活力得以充分释放。深圳市政府较高的办事效率，降低了企业创新成本，有力提升了企业在研发创新领域的投资积极性。

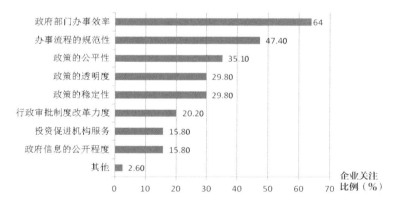

注：多项选择题，因而比例之和大于100%。
数据来源：北京大学社会调查项目。

图 3-3　政务政策环境中企业关注因素所占比例

2015 年，深圳市政府推进简政放权，全面取消非行政许可事项，取消、转移、下放市级行政职权192 项。公布 32 家市直部门、10 个区（新区）权责清单。深化商事制度改革，率先实施"多证合一、一照一码"制度，开展企业名称自主申报登记等 3 项试点。深化投融资管理体制改革，社会投资项目核准事项压减 90%。推进行政审批制度改革，行政许可事项从 2011 年的 487 项减少至 2015 年的 234 项。加速前海蛇口自贸片区建设，推动法治、金融、投资贸易规则等六大领域创新，31 项改革成果纳入广东自贸区 60 条创新经验，14 项在全省复制推广。加快建设法治政府，提请市人大审议法规议案 6 件，立改废政府规章 15 件，获中国法治政府评估第一名。围绕市场化、国际化、法治化，扎实推进各项改革，主动承接国家、省 242 项改革任务，重点领域和关键环节改革取得重大进展。[①]

深圳市政府部门较高的办事效率，来自持续推进的改革举措。作为一个与改革开放进程紧密关联的

① 资料来源：2016 年深圳市政府工作报告。

城市，深圳在行政体制改革与行政效能改进方面的工作力度之大、成效之显著，一直位居全国前列。以2015年深圳行政服务大厅行政审批服务业务受理办结情况为例，大厅全年业务受理总量为1486140件，比2014年增长14.97%，日均业务受理量5968件。其中，即办件为891542件，即办率为59.99%；承诺件592461件，占大厅业务总量的39.87%；转报件2137件，占大厅业务受理总量的0.14%。受理事项全部按期办结，其中，提前办结426576件，提前办结率为71.74%。自2004年5月投入运行以来至2015年，大厅的累计业务受理量为14699342件，日均业务受理量超5000件，在全国政务服务体系中位居前列（见图3-4）。

保护知识产权，保障创新收益

对知识产权的保护是创新创业得以顺利发展的制度基础。缺乏有效的知识产权保护体系，创新者进行创新投资的预期收益将大幅降低，创新投资活动将受到抑制（见图3-5）。发达国家的发展经验也表明，知识产权保护体系是大规模创新活动得以展开的"软性基础设施"。在知识经济时代，知识产权保护已经成为关系国家和地区核心竞争能力培育和国民经济长远发展的关键。

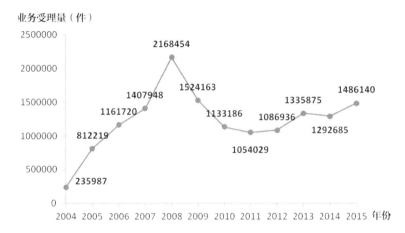

图 3-4 深圳行政服务大厅历年业务受理量

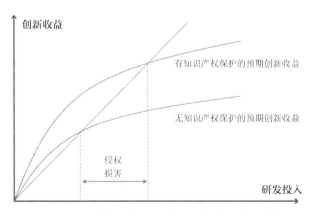

图 3-5 知识产权保护、研发投入与创新收益的关系

　　深圳在知识产权保护方面，力度逐年加大，有效保障了创新创业者获得合理收益。根据深圳市市场监管局（知识产权局）提供的数据，自 2009 年深圳大部制改革以来，知识产权行政案件办理数量逐年显著增长。特别是 2012 年底创新专利行政执法工作机制改革之后，2013 年度的专利侵权纠纷立案数量出现了增幅超过 200% 的井喷式增长。到 2015 年，深圳在实施知识产权战略纲要、推进国家知识产权示范城市方面取得更加显著的成效。2015 年，深圳市知识产权局查办商标违法案件 473 宗，案值 21969.86 万元，罚款 164.74 万元，没收、销毁侵权商品 514795 件，没收、销毁侵权商标标识 72314 件，移送司法机关 35 件 21 人，捣毁侵权窝点 64 个；办理专利案件 56 件，包括涉外案件 13 件、侵权纠纷 55 件；办理版权案件 28 件。有力的知识产权保护措施和公平竞争的市场环境，有助于提升创新者预期收益，提升社会创新动力，是"大众创业、万众创新"的重要保障。

◎ 提升文化驱动创新效能，优化"双新"创业氛围

观念引领变革，增强创新动能

技术发明必须与观念创新相伴而行，一旦离开了新观念的不断推动，科技发展往往会受到极大的限制。观念的开放、碰撞与融合，会产生新的更具生命力的文化，从而更好地推动创新创业。"大众创业、万众创新"浪潮之所以垂青深圳，与深圳的观念创新以及由新观念引领的发展具有重要关系。事实上，深圳新观念浪潮与创业浪潮之间存在清晰的关联关系（见图3-6）。

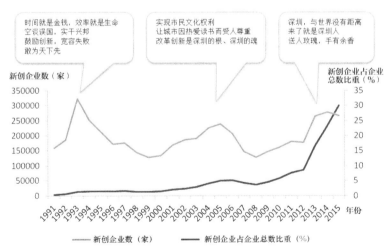

注：由于深圳公开发布的新创企业数据仅为1991—2015年，1980—1990年的数据暂无法获得，因此，本图不包含"第一次创业浪潮"。

图3-6 "深圳十大观念"与三次创业浪潮的关系

　　如果将"深圳十大观念"与新创企业比重放在时间轴上做比对，就会发现，每一次创业浪潮都对应着新观念的集中涌现。深圳特区成立以来，已经经历了3次创业浪潮。第一次是1980—1990年，"经济特区"是创业浪潮推进器，华为（1987年）、富士康（1988年）等抓住了这一轮的发展契机，如今它们已经成为世界500强企业；第二次是1991—1998年，"小平南方谈话"是创业浪潮的推进器，已经成为具有世界影响力企业的比亚迪（1995年）、大族激光（1996年）等企业正是抓住了这一轮发展机遇；第三次是1999—2008年，"中国入世"和"互联网浪潮"是"双创"的推进器，深圳诞生了腾讯（1998年）、A8音乐（2000年）、迅雷（2003年）、大疆创新（2006年）、华大基因（2007年）等一批互联网企业。如今，深圳正在经历第四次创业浪潮，涌现出一批冲浪者：宁远科技（2009年）、光启（2010年）、柔宇科技（2012年）、悦动圈（2014年）等。2015年，全市新创企业299925家，占企业总数近27%，即平均每100家企业中约有27家是年内新创业的企业；其中，新创私营企业295522家，占私营企业总数的27.29%，即每

100 家私营企业中就有 27 家是创业企业。

文化驱动创新，提升创新收益

文化流动对创新具有重要意义。相对于文化积淀论，文化流动论更能解释新兴城市的创新成就及文化辐射力。经济学中的结构洞理论，为文化流动和创新的关系提供了有力支撑。

1992 年，博特在《结构洞：竞争的社会结构》一书中提出了"结构洞"理论，研究人际网络的结构形态。结构洞就是指社会网络中的空隙，即社会网络中某个或某些个体和有些个体发生直接联系，但与其他个体不发生直接联系，从网络整体看好像网络结构中出现了空洞。如果两者之间缺少直接的联系，那么必须通过第三者才能形成联系。博特认为，如果存在结构洞，那么将没有直接联系的两个行动者联系起来的第三者就拥有信息优势和控制优势，这样就能够为第三者提供更多的服务和获得回报。

在一个文化流动的社会环境中，社会主体之间更容易建立广泛的联系，从而弥补社会网络的结构洞，进而获得回报。这种建立联系弥补结构洞的行为，事实上就是整合资源、实现创新的行为。当被连接的两个社会网络承载的资源禀赋差异性越大时，资源整合带来的潜在收益越大。因此，"弥补结构洞"可以理解为文化驱动创新的一个动力机制。

深圳作为一个在全国最具有代表性的移民城市，原住民所占比例不足 5%，外来人口数量在总人口数量中占绝对优势。移民城市与生俱来的高社会流动特征，使来自国内各地的谋求更好生活的人汇聚到一起，并不断地产生观念碰撞、文化沟通。在此过程中，一个又一个移民之间的社会网络结构洞被填充，并通过这种社会网络重构社会网络，创新性地整合了各种资源，引发商业模式、科学技术方面的不断创新。移民文化使深圳创造出一系列支撑创新创业的正式制度与非正式制度，为深圳创新创业提供了根本性驱动力。

创新创业要素支撑：创新要素集聚

◎ 集聚人力资本，为双创提供智力资源

创新驱动的重要内涵是人才驱动：以"人才红利"

取代"人口红利",促进全面创新,增强创新发展的内生动力。集聚高端人力资本,尤其是具有企业家精神的高端人力资本,是创新创业活动得以大规模展开的基础条件。美国经济学家奈特发现,企业家经营企业,从而使"自信或勇于冒险者承担起风险,并保证犹豫不决者或怯懦者得到一笔既定的收入"①。正是由于深圳集聚了一批勇于承担市场风险的创新创业者,并且其人力资本的经济地位与作用得到制度性肯定,深圳的创新活力才能得以持续展现。

构建政策体系,推动人口转型

人才政策引导下的人口转型,是深圳"双创"得以成功的重要条件。深圳由制造业工人占多数的人口结构,成功转向高学历年轻人口占较大比重的创新型人口结构。在此过程中,人才政策发挥了重要作用。深圳人才政策具有两大突出特点:政策体系完备、财政支持力度大。

为打造高端人才集聚高地,深圳构建了以"孔雀

---

① 奈特. 风险、不确定性和利润[M]. 北京:华夏出版社,2013.

计划"①和"领军人才"政策为代表的完备的人才政策体系。2016年3月，深圳在既有人才政策基础上，顺应市场形势与转型发展需求，又出台了《关于促进人才优先发展的若干措施》，涵盖人才引进、培养、评价、使用、激励等各个环节。这项"措施"既覆盖两院院士等高精尖缺人才、博士后等人才，也覆盖普通高校毕业生等初级和中级人才、工匠等技能人才以及创客等各级各类人才群体；既重视存量人才的培养激励，又重视增量人才的引进（见图3-7）。

深圳财政每年投入不少于10亿元，用于培育和引进海内外高层次人才和团队。除深圳市级人才政策，深圳各区吸引人才的政策力度和财政资金支持强度也在不断加大。以坪山新区"聚龙计划"②为代表

---

① "孔雀计划"是深圳于2011年4月推出的引进海外高层次人才的项目。纳入"孔雀计划"的海外高层次人才，可享受80万至150万元的奖励补贴，并享受居留和出入境、落户、子女入学、配偶就业、医疗保险等方面的优待政策。对于引进的世界一流团队给予最高8000万元的专项资助，并在创业启动、项目研发、政策配套、成果转化等方面支持海外高层次人才创新创业。

② "聚龙计划"是深圳坪山新区为更好地推动新区人才工作发展，积极实施人才强区战略，建设"产城融合、绿色低碳、宜居宜业"的深圳东部现代化、国际化先进城区制定的人才政策体系。计划到2020年，坪山新区实现人才引进的"533"目标，即引进50名以上高、精、尖人才，300名以上重点领域的高技能领军人才，300名以上新业态、新商业模式创新创业人才。具体措施详见《坪山新区"聚龙计划"人才强区战略实施意见》。

的深圳区级人才政策体系，凸显了深圳在推进创新创业进程中对人才的高度重视。

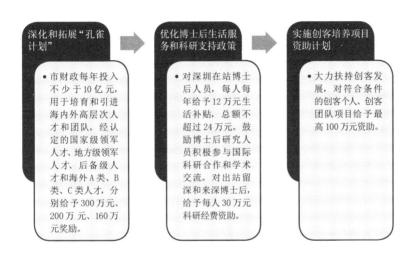

图 3-7 《关于促进人才优先发展的若干措施》中的代表性措施

集聚高端人才，提升智力资源

通过强有力的政策体系，高端人才在深圳不断集聚。自"孔雀计划"实施以来，截至 2016 年 7 月，深圳成功引进广东省创新科研团队 83 个，其中"孔雀计划"团队 64 个，共引进中外院士 13 人、中央"千人计划"成员 51 人（见图 3-8），其中引进后新增 17 名中央"千人计划"成员，形成了"以才引才"的连锁效应。在移动互联、云计算、基因、北斗卫星导航等领域建立了45个高水平产学研资联盟和10个专利联盟，有效促进了产学研资用协同创新。

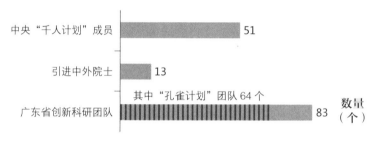

图 3-8 深圳"孔雀计划"部分引才成果（截至 2016 年 7 月）

◎ 集聚风险资本，为双创提供资本支撑

财政资金引导，科技金融示范

创新创业的发展离不开政府的资金支持，需要政府通过政策设计和财政投入对科技创新活动进行扶持。深圳对创新创业活动的资金支持，突出表现在两个方面：政府引导基金、科技金融。

政府引导基金是深圳推进创新创业活动的有力工具。为了加快打造国际产业创新中心，建设现代化、国际化创新型城市，深圳市委、市政府出台了支持企业提

升竞争力、促进科技创新和促进人才优先发展的三项
政策文件，设立了规模为 1000 亿元的政府投资引导基
金，并鼓励社会资本以及各类基金成立各类分项基金
来推进创新创业。此外，深圳各区也设有类似政府引
导基金，有效推动创新创业活动展开（见图 3-9）。

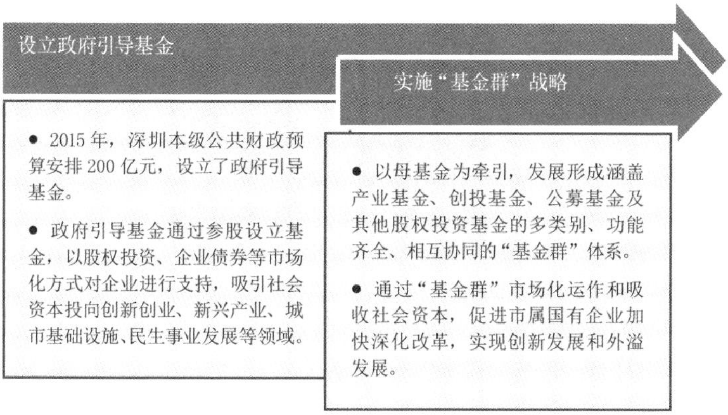

设立政府引导基金

实施"基金群"战略

- 2015 年，深圳本级公共财政预算安排 200 亿元，设立了政府引导基金。
- 政府引导基金通过参股设立基金，以股权投资、企业债券等市场化方式对企业进行支持，吸引社会资本投向创新创业、新兴产业、城市基础设施、民生事业发展等领域。

- 以母基金为牵引，发展形成涵盖产业基金、创投基金、公募基金及其他股权投资基金的多类别、功能齐全、相互协同的"基金群"体系。
- 通过"基金群"市场化运作和吸收社会资本，促进市属国有企业加快深化改革，实现创新发展和外溢发展。

图 3-9 深圳市政府引导基金发展战略

深圳高度重视科技金融在创新创业中的重要作
用。深圳 2016 年印发的《关于促进科技创新的若干
措施》中，特别提出一系列鼓励科技金融发展的具体
措施，例如，探索设立科技创新银行、科技创业证券
公司等新型金融机构，为创新型企业提供专业金融服
务；鼓励银行业金融机构加强差异化信贷管理，放宽

创新型中小微企业不良贷款容忍率至 5%；支持开展知识产权质押贷款、信用贷款等金融创新业务；开展投贷联动试点，支持有条件的银行业金融机构与创业投资、股权投资机构合作，为创新型企业提供股权和债权相结合的融资服务。科技金融的发展为"大众创业、万众创新"提供了丰富的金融资源支持。图 3-10 为深圳南山区科技金融体系。

社会资金主导，风险投资活跃

创新活动具有高风险高收益的特征。机制更具灵活性，能够更好满足创新活动高风险、高收益特征需求的社会资金，对推动"双创"深入发展具有关键性意义。在经济进入新常态的背景下，风险投资成为加快创新驱动发展、促进动力转换的助推器，是推动创新创业的重要力量。作为全国经济中心城市、重要的金融中心城市，深圳大力发展风险投资，促进金融业与产业链、创新链的有序对接。社会资本在深圳的迅速集聚，有力推动了创新创业活动的繁荣发展。

在创新创业繁荣过程中，深圳风险投资规模迅猛发展。2015 年，深圳金融业资产超过了 9 万亿美元，居全国大中城市第三位；在境内外上市的企业超过 320 家，其中中小板、创业板上市企业连续 9 年居全国大中城市的首位。2015 年，深圳 VC、PE 机构达到 4.6 万家，注册资本达 2.8 万亿元，实收资本 3500 亿元，实际管理资金超过 1 万亿元，机构数量和管理资本约占全国的 1/3。在创新创业过程中，深圳具有最为广泛的风险投资积极性和活跃度。

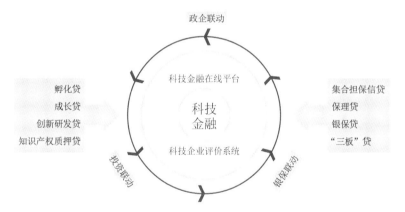

注：南山区是深圳"大众创业、万众创新"和科技金融发展的代表区。南山区构建了"一个平台、一个系统、三个联动、八项产品"为特征的科技金融生态体系，有效推动了科技创新，促进了产业转型升级。"一个平台"是指以南山区科技金融在线平台为依托，形成汇集企业、银行、保险、担保等多元主体的生态圈，实现资金供需方的无缝对接。"一个系统"是指以科技企业创新能力综合评价指标系统为基础，构建融合"创新能力－管理能力－外部评价－财务指标"四位一体的评价体系，遴选出高成长潜力企业，提高科技金融效率。更多详情请参见《深圳市南山区科技金融发展白皮书》。

图 3-10　深圳南山区科技金融体系

◎ 集聚创新载体，为"双创"提供空间基础

创新载体是创新创业活动顺利开展的物理支撑，同时也是"双创"活动走向产业化的配套服务支持系统。深圳超常规布局创新载体，为"双创"提供了良好的发展基础。截至 2016 年，深圳已建成国家、省、市级重点实验室、工程实验室、工程（技术）研究中心和企业技术中心等创新载体 1335 家，是"十二五"初期数量的 3 倍多（见图 3-11）。深圳在多个领域部署重大科技基础设施，建设了国家超级计算深圳中心、大亚湾中微子实验室和国家基因库等；并积极规划建设未来网络实验室、下一代高速大容量光传输技术、高通量基因测序及组学技术等国家级创新载体，抢占未来科技竞争制高点。积极的创新载体建设，不仅降低了企业创新成本，更增强了创新资源的协同发展力，为"双创"深入推进提供了重要支撑。

市场决定风险：以民营企业为创新主体

现代企业理论，尤其是新经济制度学，强调了企业是应对不确定性风险决策而存在的组织形式和制

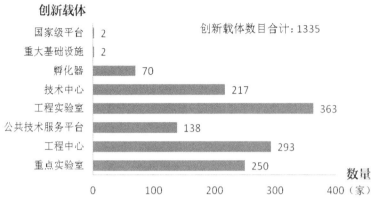

数据来源：http://www.szsti.gov.cn/services/resources/list/。

图3-11 深圳创新载体分类统计（截至2016年）

度①。企业成为特殊的风险转移机构制度安排，使得企业家市场开拓和承担不确定性风险的功能得到强化。民营企业因其直面市场竞争风险，具有多元灵活的分配机制，已经成为深圳"双创"进程中的绝对主力军，并表现出持续创新动力。中小民营科技企业在推进颠覆式创新方面扮演了重要角色，是"双创"梯队构建中不可或缺的关键内容。

---

① 苏东斌．选择经济［M］．北京：人民出版社，2001：20．

◎ 民企直面市场竞争，成为创新主力

深圳的企业结构中，民营企业占据较大比重。以民营企业为主体的市场结构，是提升"双创"效率和成功概率的关键。相对于体制内科研机构和国有企业，民营企业以其多元灵活的分配机制激发了创新主体的主观能动性，直面市场竞争的风险意识也使民营企业能够长期保持创新活力。

民营企业是创业绝对主力军，约占 99%。新创私营企业占新创企业总数的比重，2009 年首次超越 90%，2013 年该比重首次突破 98%，2014 年占比更是高达 98.61%。2015 年，新创私营企业数为 29.55 万家（见图 3-12）。

深圳百万创业大军中，青壮年是深圳创业大军的中坚力量。截至 2015 年，深圳有超过 100 万人创业。其中 26 岁至 45 岁的青壮年占比超过 70%。

由于深圳区域内科研机构基础较弱，国有企业比重不大，深圳选择了一条以民营企业为主体的创新战略，在"双创"过程中形成了"6 个 90%"的突出现象：深圳 90% 的创新型企业是本土企业；90% 的研

新创私营企业(家)

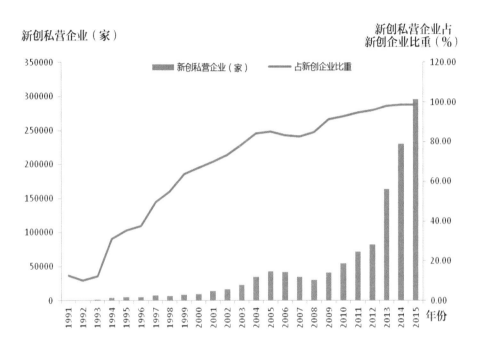

图3-12 深圳新创私营企业数量及占比情况

发人员在企业;90%的科研投入来源于企业;90%的专利产生于企业;90%的研发机构建在企业;90%以上的重大科技项目发明专利来源于龙头企业(见图3-13)。这一模式被认为在全国范围内,对于其他地区都具有推广和借鉴意义。

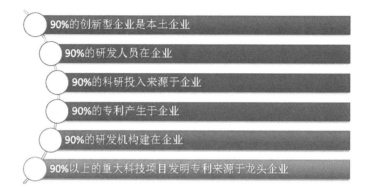

图 3-13 深圳创新的"6 个 90%"现象

◎ 分配机制多元灵活，激发创新动力

利益共享是激发多元主体目标一致性的强大因素。深圳民营企业就业人数占总就业人数的比重高达 97.66%，比北京和上海分别高出 24.46% 和 20.56%（见图 3-14）。深圳以民营企业为主体创新出的多元灵活分配方式，增强了要素投入的积极性，提高了合作协同的可能性，有利于创新活动开展。民营企业的创新效率优势，同时体现为国有企业的创新效率劣势。国有企业在分配机制上的弊端，使其难以在创新效率提升上有所作为。

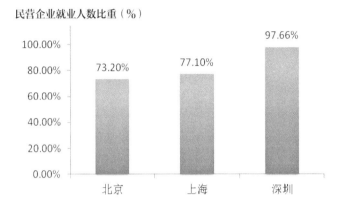

图 3-14 3 市民营企业就业人数占总就业人数的比重

在现代混合所有权企业中，通常的监督机制难以解决经营者的创新激励问题。但企业可以通过多元灵活的分配机制让经营者同时是企业所有者，使经营者能够分享创新所带来的长期收益，从而使经营者创新收益权与创新控制权相对应。股权激励是这种灵活分配机制的代表，使经营者和股东形成利益共同体，增强了经营者创新动力。

而国有企业为全体国民所有，难以像私有企业那样通过所有权让渡使国企经营者同时成为企业所有者。目前，国有企业仍旧普遍缺乏股权激励等中长期激励计划。国企经营者无法合法地拥有企业所有权，导致其在职期间创新收益权和创新控制权的严重不对应，由此而产生严重的创新效率损失①。

此外，中国国有企业经营者通常由上级政府任命，任期较短，这也加剧了国企经营者的短期化行为。任期短期制与创新收益的长期性相悖：创新的长期性意味着国企经营者在职期间难以分享创新收益。同时，创新的不确定性和风险可能使企业经营业绩受损，进而影响到其在职期间的物质利益和在政治上的晋升，增加了国企经营者在职期间从事创新的成本②。

综上所述，通常的监督和激励机制设计均不能有效地解决企业经营者的创新激励问题。因此，实现经营者创新激励的有效方法是让经营者同时成为企业所有者。国有企业的公有产权属性决定了国企经营者无法成为企业所有者，因而，国有企业自身无法解决

---

① 事实上，国企经营者行为具有明显的短期化特征，他们所追求的目标往往是任职期间个人收益的最大化。这样，国企经营者对那些投资收益周期较短、风险较小、在其任职期间能带来回报和显示政绩的生产项目具备提高效率的动力，对那些投资收益周期较长、风险较大、在其任职期间得不到回报的创新项目就会缺乏提高效率的动力。

② 能够对国企经营者产生短期激励作用的、在政治上的晋升也不能提高对经营者的创新激励，因为在政治上的晋升意味着经营者在企业的任职是临时的，经营者在任期间的收益与企业长期收益是无关的。

经营者的创新激励问题。所以，以民营企业为创新主体，就成为一个最为合理的选择。深圳的"双创"发展经验，也表明民营企业多元灵活的分配机制能够更好地激发创新活力，在创新方面具有更加突出的优势。

◎ 重视中小科技企业，增强创新耐力

重视中小科技企业，有助于实现颠覆式创新，是增强创新可持续性，提升创新耐力的重要基础。对于后发经济体而言，科技创新包含两种类型：赶超式创新与颠覆式创新。赶超式创新是指在技术水平相对落后的状态下，向比较明确的技术前沿进行科技创新的过程。颠覆式创新是指放弃既有技术路线，采用全新的技术系统进行产品设计与制造。需要特别注意的是，颠覆式创新通常由中小企业实现（见图 3-15）。一个国家、地区的创新创业要有活力，既要有"顶天立地"的大企业，也需要"铺天盖地"的中小企业。中小企业的发展水平已成为衡量

图 3-15 平衡赶超式创新
与颠覆式创新

区域创新能力是否能够持续强大的重要指标。

深圳"双创"的活力与创新的耐力，其重要基础在于规模庞大的能够实现颠覆式创新的中小科技企业。最新数据显示，深圳的中小微企业数量已突破100万家。国家级高新技术企业达到5524家；创业板、中小板上市的深圳企业总数达128家，连续9年居全国大中城市首位。目前，在深圳创新企业链条上，既有华为、中兴、腾讯等大型龙头企业，也有一大批如大疆、光启、柔宇等新近崛起的创新型科技企业，还有数量庞大的中小微企业。大、中、小、微企业形成的创新梯级层次，为深圳创新的持续发展提供了坚实基础和不竭动力，增强了深圳创新耐力。

只有在赶超式创新与颠覆式创新之间实现创新资源平衡分配，为中小企业留足发展空间，才能使科技创新中心保持持续的竞争力与发展动力[①]。目前，中

---

① 此结论可以从日本国家创新系统的经验与教训中得出。日本国家创新系统的四大特点（以垄断竞争为特征的产业格局、以银行为核心的企业网络、终身雇佣制、年功序列制）导致其在技术赶超过程中的成功，也决定了其在后续技术发展上的失败。日本国家创新系统的特点导致大企业内部创新要素整合效率较高，但留给中小企业实现颠覆式创新的要素资源极其有限。银行系统的低风险偏好与创新人才入职大企业的强烈意识，导致日本颠覆式创新资源匮乏。

国与世界前沿技术之间的差距已经显著缩小，同时发达国家的再工业化政策意味着国际分工产能转移的结束，也意味着中国追赶型发展的可行性越来越低。未来中国在推进创新创业过程中，应当重视颠覆式创新的重要性，注意平衡赶超式创新与颠覆式创新资源分配。为此，应当完善产业梯队建设，深刻认识中小企业作为颠覆式创新主体的重要意义，为中小企业实现颠覆式创新准备充足的人才与资本。

方向决定成败：以高科技产业为发展方向

◎ 高科技产业激发人力资本活力

创新创业活动的成败，取决于是否能够充分激发人力资本活力。只有在高人力资本密集的行业中，人才的价值才能更加充分体现，从而通过富有激励作用的分配机制带动人力资本活力。相对于资本密集型行业与劳动密集型行业，人力资本密集型行业才能够为创新创业提供强有力支撑，人力资本密集的高科技产业才是能够充分展现创新创业魅力的正确方向。

　　劳动密集型行业因人力资本回报率较低而无法激发人力资本活力，无法激发创新创业热情。在劳动密集型行业，由于人力资本回报率较低，高素质人力资本并不能获得良好回报，因而劳动密集型行业难以激发人力资本活力，难以引领创新创业热潮。

　　资本密集型行业受严重的资本约束，创新创业门槛极高，大大限制了创新创业活动。在房地产、金融等资本密集型行业，虽然高素质人力资本能够获得较高回报率，但创新创业需要突破较高的资本约束。严重的资本约束成为制约"大众创业、万众创新"的突出障碍，使其成为"优势资源富有者"垄断的创业领域。

◎ **科技产业化带动"双创"良性循环**

　　高科技产业成就深圳创新创业的另一个重要原因，在于成功的科技产业化充分实现了创新的市场价值，以利润的形式为下一轮创新提供了资金支持，带动"双创"实现良性循环。促进科技产业化是推动创新的重要支撑，是加强科技与经济紧密结合的关键环节，对于推进结构性改革尤其是供给侧结构性改革、支撑经济转型升级和产业结构调整，促进"大众创业、万众创新"，打造经济发展新引擎具有重要意义。

深圳在科技产业化方面取得成功，有两个重要原因。其一，民营企业是深圳创新的主体。民营企业由于直面市场压力，要求其创新从源头上就要对应市场需求，创新成果必定要实现市场价值，从而弥补创新成本，在产业化过程中实现企业创新的可持续发展。其二，通过机制创新，使研究机构突破传统体制束缚，实现科研与现实问题的对接。华大基因、光启研究院等 45 家新型研发机构，有效克服了科技与经济相脱离的"两张皮"问题，走出了一条"科技研发、产业化与人才培育融合发展"的创新之路，成为深圳引领源头创新和"双创"发展的重要力量（见图 3–16）。

总体来看，深圳呈现出以制度环境优化、创新要素集聚为支撑，以民营企业为主体，以高科技产业为方向的"塔形双创体系"，在推进"双创"过程中取得了突出的成就，形成了一系列具体可操作的政策措施，构建了符合中国国情的经验系统。

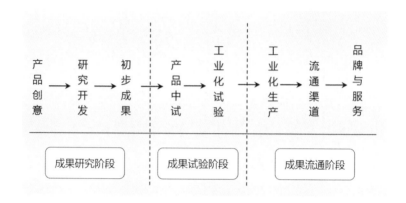

图 3-16　科技产业化过程

深圳"双创"发展经验对全国"双创"的启示意义在于：

　　◆ 政策推动是短期形成"双创"氛围的主要因素，制度开放①是形塑"双创"长期发展动力的关键。

----

① 制度开放或制度性开放，是通过对大量法规制度进行修改调整，逐步完善立法的透明度和行政公共参与制度，完善"开放经济体制"的"制度性"内涵。从政策性开放向制度性开放的转变，在于积极进行有效的制度环境建设，通过建立良好的社会软环境促进外向型经济向开放型经济转变。关于从政策性开放到制度性开放的文献，可参考郑凯捷：《从政策性开放到制度性开放的历史进程》，世界经济研究，2008 年第 5 期；苏东斌、钟若愚：《中国经济特区导论》，商务印书馆，2010，第 159—160 页。

◆民营企业是创新的强大动力，灵活的产权界定方式和收益分配方式是激发"双创"主体活力的关键。

◆高人力资本密集型产业是开展"双创"的主战场，科技产业化是构建创新与产业发展良性循环的基础。

深圳的成功经验与正在推进的前沿举措，是研究"双创"的典型样本，是推进"双创"的有益借鉴。对于全国来说，深圳具有独特的以民营企业为主体的所有制结构，但依然形成了若干可推广的经验：

完善塔基，夯实"双创"制度基础。以地方政府的远见卓识，率先深化行政体制改革，提高政府服务效率，增加有效制度供给，以宽松的制度——文化环境降低"双创"的制度成本，从而提高制度绩效；以法律的力量完善"双创"分配制度，保障"双创"主体权益；营造公平、宽容、有序的竞争环境；以市场的力量集聚高端"双创"要素，提升"双创"资源配置效率。

培育塔身，激发"双创"资源活力。在"双创"主体所有制结构上，以民营企业为主体，增强创新的活力和动力；在"双创"主体的组织形态上，以灵活运营体制为导向，降低"双创"的交易成本，培育（民营）企业家阶层兴起。

激励塔尖，提升"双创"价值实现能力。在创新方向上，大力发展以高科技产业为代表的高人力资本密集型产业，激发高层次人力资本的创新创业动能；完善科技产业化体制机制，构建科技创新与产业发展的良性循环制度系统。

深圳"双创"发展面临的挑战 第四章

深圳"双创"发展面临的核心问题，就是在全球竞争中持续提升"双创"价值实现能力，即构建和完善国际化创新市场环境，激发"双创"主体的积极性和创造性，最终将"双创"行动转化为有利于提升人民生活水平的经济和社会价值。

深圳正处于从赶超向创新引领转化的关键期，在价值实现层面还处于国际中游水平（见图4-1）。在迈向更高发展阶段的过程中，深圳面临多方面挑战。

本章从构建国际化创新市场的制度环境（环境）、提升创新要素质量与效率（要素）、降低创新市场的交易成本（主体）、提高创新市场的竞争程度（方向）4个方面阐述深圳"双创"发展面临的挑战。

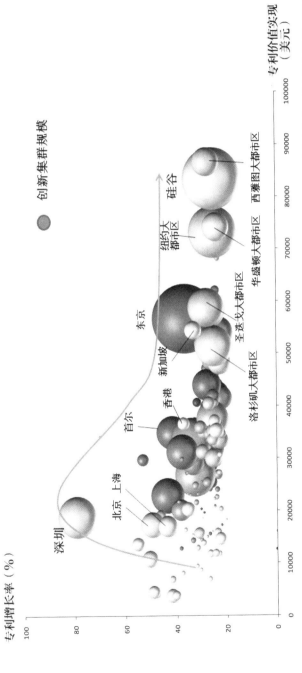

图 4-1 国际创新中心城市和都市区发展动态格局图（1998—2012 年）

注 1：图中横坐标为购买力评价评测测算的城市人均地区生产总值（单位：美元），代表了专利价值在城市经济价值中的体现；纵坐标为 1998—2012 年专利年均增长速度（单位：%），代表了创新集群的专利成长情况；图中圆圈的大小为 1998—2012 年的专利申请总量（单位：个），代表创新集群的规模，专利规模、专利增长、专利价值实现表明全球创新中心城市从国内创新中心、区域性创新中心向国际性创新中心演进的路线，代表了不同发展阶段的专利增长。曲线表明全球创新中心城市从国内创新中心、区域性创新中心向国际性创新中心演进的路线，代表了不同发展阶段的专利价值实现的趋势图。

注 2：专利数据和人均地区生产总值数据主要来源于 OECD 数据库，少数城市数据来自政府统计网站并进行测算。样本共计 170 个城市（都市区）。

① 深圳市委政研室．落实创新驱动务力建成更高水平的国家自主创新示范区问题研究报告［R］，2015.

"双创"环境方面的挑战

◎ 深入推进国际化，整合全球创新资源

深圳仍处在基于政策性开放的外向型经济发展阶段，并未从体制机制上走向制度性开放所形成的开放型经济形态。

深圳"双创"发展要继续领先全国，就要顺应全球化趋势，在全球范围内探索更加先进的技术与商业模式，建立与国际创新市场①接轨的创新市场制度体系，通过制度性开放构建更高级的开放型经济，整合全球创新资源。

全球发达国家的创新市场都具有高度国际化的特征。1998—2010 年，纽约联合研发专利（Co-patent）占专利申请量的比重始终保持在 70% 左右，2004 年后，联合研发专利的比重还在不断上升，到 2010 年高达 76.7%。在此期间，伦敦联合研发专利占专利申

---

① 创新市场是指新思想、新技术等创新成果与该创新成果的需求方实现交易的地方。新思想、新技术等创新成果的供给方有高校、研究机构、科学家等；创新思想和技术的需求者是政府、企业等。由技术交易市场引出的创新型人才市场、科技金融市场等都属于创新市场的范畴。

请量的最低比重也高于 55%。多数科技中心联合研发专利申请量保持在 60% 左右（见图 4-2）。深圳目前还没有对联合研发专利数量的统计①。

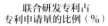

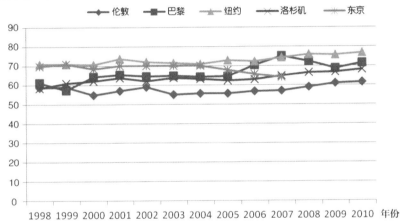

注：联合研发专利是指共同研发取得的专利成果，专利归属为共同所有。联合研发专利占专利申请量的比例 = 联合研发专利数量 / 该区域当年 PCT 专利申请量。

数据来源：OECD 数据库，http://stats.oecd.org。

图 4-2　联合研发专利占 PCT 专利申请量的比例

———————

① 深圳市知识产权局反馈，深圳尚无企业专利申请详细数据，需依赖国家相关部门固定时间截取相关数据给深圳，因此深圳难以统计知识产权申请信息，制定相关政策。

高度国际化的创新市场要求创新市场的各项制度规则与国际规则接轨。在国际联合技术交易市场上，推动新思想与新技术在国际间自由流动，需要建立符合国际惯例的知识产权保护制度、专利资产法律、专利交易税制等。在高端研发人才和技术人才市场规则上，促进国际人才评定和长期居住，需要建立国际劳动力评定制度和外籍人才永久居住制度体系。在国际风险投资资本市场上，实现资本对"双创"的推动作用，不仅需要建立风险资本市场的规范制度，而且需要探索开放资本账户和人民币离岸金融。

◎ 保持创新政策的一致性与公平性

如何构建良政劣政甄别筛选机制，构建良政保存和发展机制，是深圳推动"双创"发展面临的重大挑战。创新创业是跨期决策行为，政府政策的稳定性和一致性影响着创新主体对跨期投资的预期。美国著名经济学家卢卡斯在《宏观经济学的首要问题》中指出："成功的长期供给方面的政策所能带来的社会福利要远远高于进一步优化短期需求管理政策所能带来的社会福利。"

政策一致性方面，深圳新旧"双创"政策并存，区级创新政策存在一定的竞争性。在全面深化改革背景下，深圳出台了多项"双创"方面的政策，各行政区（新区）也陆续出台了支持"双创"发展的措施。各区之间形成了政策竞争，出现了多个区竞相抬高扶持力度争夺存量创新资源的情况，造成了创新资源的内部消耗。如何构建"双创"政策评估体系，平衡区级"双创"政策竞争，是深圳有效促进"双创"良性发展的重大课题。

政策稳定性方面，政策的不稳定将引起"双创"主体的驻足观望。除了行政官员任期短带来的政策不稳定外，部分政策多变也造成了不稳定的影响。以人才政策的稳定性为例，深圳出台了一系列的引进人才、促进人才创新的政策，但政策的实施具有明显的行政特征，缺乏市场反馈机制。《深圳市高层次人才认定办法》修订频率过高，导致高层次人才认定条件不稳定，进而弱化了对于部分高层次人才的吸引力；政策的不稳定，降低了政策效能。

政策公平性方面，有偏向的政策势必形成非竞争的市场，压制部分"双创"主体的发展机会。据《深圳商报》报道，深圳引进央企趋势明显，力度空前，央企纷纷入驻深圳湾①。深圳"十三五"规划纲要提出，到 2020 年，进入世界 500 强的企业争取达到 8 至 10 家。由此，各区土地空间等资源配置政策不断向大企业倾斜，纷纷出台了支持总部经济、龙头企业等创新发展的政策，而支持中小微企业创新发展的政策出台力度相对减弱。如何营造公平竞争的市场环境，避免向大企业倾斜的政策冲击中小企业，是深圳必须思考的问题。

"双创"要素方面的挑战

◎ 促进区域间创新资源联动发展

高房价带来深圳创新创业成本不断高涨。在房价调控形势复杂的背景下，利用高房价带来的压力，促进区域间创新资源联动发展，有利于平抑深圳创新成本，打造创新链条，提升区域创新竞争力。

在深港创新联动方面。深港创新合作还处于初级

---

① 郑恺. 深圳湾央企云集，将引进总部企业超 10 家［N］. 深圳商报，2015-07-20.

阶段，人财物的流动还存在体制上的障碍。如何充分发挥香港服务性创新要素和深圳生产性创新要素的协同作用，提升深港创新圈能级，构建合作机制和要素自由流动机制，促进深港创新同城化，吸引人才、资本、技术在深港两地合理布局，是深港共建世界级创新中心的关键。

在粤港澳大湾区创新联动方面。世界级创新创业城市群，都解决了区域创新与城市化耦合的机制问题。在粤港澳大湾区，港澳具有与国际接轨的法律、审计等制度性优势，深圳、广州等核心城市具有高新技术创新创业的优势，东莞、惠州、珠海等地具有丰富的、低成本的制造业产业链和产业生态，如果能够打破市与市之间创新资源流动的障碍，将基于广泛的互补性促成共赢。

◎ 增强金融深度，更好服务创新创业

"双创"的发展离不开金融的支撑。金融发展包括金融深度和金融广度。金融深度是金融资产数量的增加；金融广度是人们能获得金融服务的便捷性和可得性。2016年9月，英国Z/Yen集团与中国

（深圳）综合开发院共同发布第 20 期全球金融中心指数（CFCI 20），深圳排名较上期下降了 3 名。夯实"双创"发展的金融基础，是深圳"双创"发展面临的挑战之一。

从风险投资的相对发展状况来看，深圳与上海还有显著差距。软银中国创业投资有限公司 2015 年的调查显示，上海风投总量远远领先于深圳。从风投总量来说，上海的风投集中度显著高于深圳，总量及全国占比相当于深圳的 2 至 3 倍（见图 4-3）。这是因为 ICT 风投中很重要的一部分是美元投资。这些投资人大部分来自美国硅谷而且大部分在上海居住，一般都以上海为入口进入中国。中国目前投资力度最强的 10 个风投人中，有 6 个来自上海。

据"软银"统计，上海成为风险投资机构最希望落户的地区。选择上海的机构的比例达到 28.84%，而有 21.72% 的机构选择落户北京，只有 10.13% 的机构选择落户深圳。深圳在吸引海外风险投资的程度上远远落后于上海。这造成珠江三角洲在投资资源获取上远远落后于长江三角洲，地区性集聚效应和溢出效应都不强。

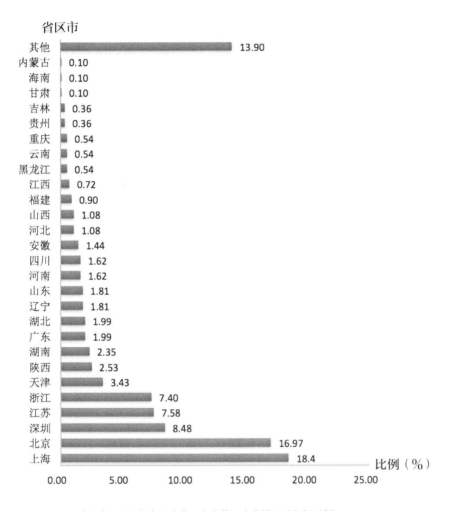

注：1. 其他地区主要指中国香港、台湾等；广东地区不包括深圳。
    2. 由于保留小数位数的问题，报告中可能出现合计数据不等于各分项之和的情况。

数据来源：CVCRI（中国风险投资研究院）。

图4-3 2015年中国部分省区市风投量占全国风投总量比例

◎ 推动创新人才劳动力市场国际化

从长远来看，知识性人才国际化程度不高，将成为深圳持续保持创新文化的内在约束。深圳是一个移民城市，移民城市具有典型的创新精神，但移民城市并不意味着创新可以达到国际水平。深圳的移民具有"同质性"特征，几乎都来自中国大陆，缺少国际化"异质性"。这意味着，创新投入中最重要的人力资本，结构单一，缺乏多元化。2016 年，科尔尼管理咨询公司（美国全球智库）的调查统计报告显示，深圳国际化水平由 2008 年的第 54 位跌至 2016 年的第 83 位。

从受教育程度来看，深圳相比于世界级科技创新中心，人才集聚度方面还有一定差距。从受过高等教育的人口占城市人口比重来看，东京、洛杉矶、巴黎均高于 40%，香港、伦敦、纽约均在 30% 左右，而深圳仅为 17%。由于德国特别强调制造业，重视"工匠精神"，因此德国的教育更突出职业教育，将近 80% 的年轻人接受的是职业教育，大学生在柏林人口中所占比例较低（见图 4-4）。从国际比较来看，深圳打造世界级科技创新中心，还需在提升人口素质方面做出更多努力。

从外籍人口来看,2015 年的统计数据显示,深圳常住外籍人口 2 万余人,约占城市常住人口的 0.2%;北京常住外籍人口 20 万余人,约占城市常住人口的 1%;上海常住外籍人口 17 万余人,约占城市常住人口的 0.73%;广州常住外籍人口 3.4 万余人,约占城市常住人口的 0.36%;香港常住外籍人口为 70 万余人,约占城市人口的 10%。与国际城市相比,深圳国际移民水平相差更远。

受过高等教育人口所占比重(%)

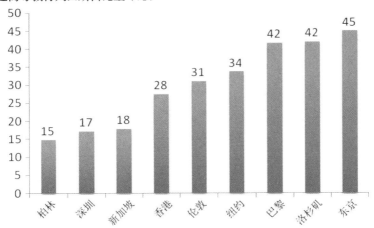

数据来源:http://www.nyc.gov/html/ia/gprb/html/global/global.shtml。

图 4-4 深圳与部分世界级城市受过高等教育人口所占的比重

从"海归"就业来看，2015 年，深圳引进"海归"人才 1.8 万余人，累计留学回国人员总量只有 6 万余人，而北京留学归国人员有约 15 万人，上海有约 12 万余人；深圳取得有效外国专家证的外国专家 3300 多人，低于上海的 6140 人、北京的 4986 人。

"双创"主体方面的挑战

◎ 避免新兴高校走资源型高校老路

深圳应避免新建的高校走上体制内高校低效率创新老路。中国高校科研管理体制和机制无论是科研管理体制、科研组织模式，还是科研绩效考核，都存在僵化管理、组织活力难以释放、缺乏学术自由探索和内在多样性等缺点。

高等院校为基础研究提供了最为重要的高级研究人员集聚的平台和基础研究实验室载体。由于基础研究的知识外部性，企业的投入往往不足，因此，传统高等院校更加注重争取国家和地方政府的科研支持，较少与地方企业共同建设基础研究实验室。然而，来自政府的研究资助容易产生搭便车和寻租行为。作为事业单位的高等院校，不得不面临体制内部严格的管理制度和财务制度。

深圳大学对基础研究项目（横向课题）经费使用有严格要求，劳务费用不超过 30%。这意味着，一个研究项目在资本投入、劳动投入中，物质资本的边际生产力高于人力资本的边际生产力。研究人员的创造力投入被严重低估，并未获得应有的报酬。这极大抑制了研究人员的积极性和创造力。当企业与大学共同开展研究时，企业也将派出科研人员参与项目研究，较低的劳务费用比例，与研究人员在企业中获得收益差距较大，也阻碍了项目研究的开展。目前，虽然国家已经规定劳务费比例无上限，但硕士研究生劳务费不超过 800 元 / 次，博士研究生劳务费不超过 1000 元 / 次，一旦超过就需要走审批程序。因此，参与科研的人员劳务费用需要多次烦琐的财务申报程序。

严格而无弹性的科研管理体制消耗了生产活动的时间。在科研项目申报、经费审批、结题等方面，流程审批程序复杂，要求科研项目申报人全权负责与委托方的沟通、投标、竞标、合同签订等事宜，挤占了科研人员的研究时间。

◎ 更加积极发挥中小企业的创新能力

在当前"大众创业、万众创新"的时代背景下，中小企业作为经济中较为重要而活跃的力量，研究中小企业状况在一定程度上可以揭示本地新创企业的存活和发展的情况，有助于我们了解在深圳技术转化中，创新企业的比例、状况和产业分布。

深圳在高新技术行业的创业比例不高，资源从研发向市场转化的管道宽度不够。在"大众创业、万众创新"的战略背景和商事登记制度改革的双重驱动下，深圳中小创新创业型企业喷涌而出。2015 年，深圳民营中小企业晒出了一份夺人眼球的成绩单：截至 2015 年底，深圳的中小微企业已突破 100 万家。其中，国家级高新技术企业 5524 家；创业板、中小板上市的企业达 128 家，连续 9 年居全国大中城市首位；全年新增新三板挂牌企业 239 家，同比增长 449%，增速居全国大中城市首位。然而，深圳新登记企业的产业结构主要以批发和零售等低技术附加值的企业为主（见表 4-1）。虽然从 2013 年到 2015 年间，每年递增的速度很快，但技术性尤其是新兴技术企业的比重仍未超过 15%。

表4-1 2013—2015年深圳新登记企业行业分布

行业	2013年深圳新登记企业行业分布		2014年深圳新登记企业行业分布		2015年深圳新登记企业行业分布	
	企业数量	比例	企业数量	比例	企业数量	比例
批发和零售业	95108	56.88%	133391	57.14%	147063	49.03%
信息传输/软件和技术服务业	8267	4.94%	18219	7.80%	35108	11.71%
金融业	2508	1.50%	11950	5.10%	29523	9.84%
居民服务业	5685	3.40%	12410	5.32%	15711	5.24%
租赁和商务服务业	21963	13.13%	18400	7.90%	14371	4.79%
制造业	9181	5.49%	10472	4.50%	13619	4.54%
科学研究和技术服务业	5351	3.20%	5515	2.40%	10769	3.59%
建筑业	4515	2.70%	5421	2.30%	7864	2.62%
交通运输、仓储和邮政业	3679	2.20%	4363	1.87%	5912	2.00%
住宿和餐饮业	1839	1.10%	2924	1.25%	5681	1.90%
文化、体育、娱乐业	2843	1.70%	3962	1.70%	5507	1.80%
房地产业	3344	2.00%	3339	1.40%	4181	1.40%
其他	2937	1.76%	3094	1.32%	4616	1.54%
合计	167220	100.00%	233460	100.00%	299925	100.00%

资料来源：深圳统计年鉴。

深圳在高新技术行业的创业比例不高，资源从研发向市场转化的管道宽度不够，一方面是技术商业转化过程中市场定位不准，周期过长；另一方面则是企业在市场上融资困难，对接的风投资本不够集中。近年来，中国在"大众创业、万众创新"的浪潮下，初创企业在数量与规模上均发展迅速。然而，由于实体经济持续萎缩，2015 年，大批获得天使融资的创业公司倒闭，仅有 10% 的公司能够拿到 A 轮融资并且存活下去。然而，在初创型企业中，技术创新型企业可能会通过专利的形式为自己在融资竞赛中加分加码；而偏向销售或渠道模式创新的企业由于可保护性差，其生存发展的空间较小，较容易被挤出正逐步萎缩的风投环境。这对当前的深圳初创企业的生存和持续发展提出了巨大挑战。

◎ 弥补科技中介服务方面的短板

一个新技术的突破性成果从发现到应用一般经历 4 个阶段：新发明—技术验证—技术开发—商业化应用。技术验证和技术交易是"双创"的重要科技服务环节。两种科技服务发达，意味着企业创新能够及时获得行业认可,可转化为行业标准,引领行业发展,迅速获得市场需求,实现价值。

技术验证是深圳的短板。中国检测市场以国有检测机构为主。国有检测机构是按照所属部委来设立的,如建设部、交通部、公安部、气象部、出入境检验检疫部门、工商局、农业部、水利部等。每个部委都针对其行业特点,设立各自的市场准入标准和政策体系,管理下属实验室。各部委的实验室只在行业内部开展检测服务。根据 CNAS(中国合格评定国家认可委员会)2014 年的统计数据,截至 2014 年12 月 31 日,CNAS 认可各类认证机构、实验室及检查机构三大门类共计 14 个领域的 6956 家机构。其中,累计认可各类认证机构 136 家,认证机构领域总计 480 个,涉及业务范围类型 9537 个;累计认可实验室 6413 家,其中检测实验室 5395 家、校准实验室 754 家、医学实验室 162 家、生物安全实验室 59家、标准物质生产者 9 家、能力验证提供者 34 家;累计认可检查机构 407 家。这些机构主要集中在北京和上海。尽管近年深圳大力推进民营第三方检测机构的成立,然而检测代表着行业标准和规则制定,在深圳建立并推行使用的国家级第三方检测机构寥寥无几，在技术验证方面的劣势一目了然。只有技术研发，而无技术验证，技术创新规则不掌握在自己的手里，将会在国际竞争中吃亏，成为以技术发展为本的生态系统的短板。

"双创"方向方面的挑战

◎ 构建支撑前沿技术创新的基础研究

基础研究是一个地区科研工作的基础，也是创新的源头，更是代表一个地区科学发展水平的重要指标。基础研究工作的方向对本地技术创新具有重要的引导作用，不仅可以持续地为技术研发提供坚实的科研基础，也可以带动整个区域的更为广泛的创意和发明。从科学技术的长远发展来看，基础研究经费所占比率太小，将制约基础研究的可持续性发展。

深圳基础研究实力相对薄弱。截至 2016 年 8 月，深圳承担的国家自然科学基金项目 364 项，总金额 1.47 亿元，仅约为广东省资助总金额的 1/8；与北京及上海相比，相去甚远。深圳至今尚无超过亿元资助的科研单位,因此,加大基础研究资助强度已迫在眉睫。

深圳基础研究发展不均衡,开创新的研究方向能力不足。虽然本地论文发表数量和被引用率在不断提高,但跟踪式的研究居多,开拓性的很少。此外,深圳尚未把基础研究摆在较为优先发展的地位,基础研究经费占总投入比例偏低,投入结构和资助机制不甚合理,投入主要靠地方财政,企业投入基础研究比重非常低。据统计,深圳基础研究总投入中,企业投入几乎可以忽略不计;而美国、欧盟等发达国家的企业投入占到基础研究投入的 20%,韩国则更高。

◎ 保持科技创新创业的制造业基础

制造业配套能力是深圳"双创"赖以生存的产业基础。失去制造业的支撑,也意味着失去持续创新的能力。在深圳经济服务化[①]发展过程中,房地产迅

---

① 一般来说,当一地区的服务业在地区生产总值中增加值和就业人口中的比例超过 50% 并不断增加时,就意味着该地区进入了经济服务化阶段。《2015 年深圳国民经济和社会发展统计公报》显示,深圳第二和第三产业增加值占全市生产总值的比重分别为 41.2% 和 58.8%。2015 年,深圳第三产业就业人口占全市就业总人口的比重为 53.35%。这意味着,深圳已经进入经济服务化发展阶段。

猛发展，制造业成本飙升，工业空间被挤压。制造业基础如何保持，是深圳必须面对的重大难题。

当前，深圳制造业投资占比过小，房地产投资占比过大；在资源配置中，高新技术制造业有被弱化的趋势。2015 年，深圳固定资产投资中第三产业占82.4%，其中房地产占比高达 42.2%，高于全国平均水平。深圳工业投资只占总投资的 17.6%，远不及全国的 40%。根据深圳市政府统计，已有超过 1.5 万家企业迁出深圳。

全球主要发达国家中美国的"再工业化"战略、德国的"工业 4.0"战略、韩国的"创新韩国"战略等，其本质是新兴高端制造业的技术创新与制造业生产的工艺创新的结合越来越紧密。失去先进制造业发展基础，就意味着未来科技创新和产业创新的能力将被转移。因此，深圳必须在加快传统制造业淘汰升级的同时，布局高端制造业，保持"双创"的制造业基础。

◎ "运动式双创"与"智力短板"风险

预防"运动式"创新创业是深圳需要重点关注的发展挑战。深圳超过 2 年的创业存活率仅为 40%，存在一定创业泡沫。深圳接近 60% 的现存企业成立时间不超过 2 年，带有"运动式"痕迹；在已注销的企业中，成立不到 5 年的企业占比超过 66%，已注销的企业平均生命力仅为 2 年。

深圳位列全国最宜创业城市的第三位，但智力支持是明显的短板。标准排名和优客工场联合发布的"2016 中国大陆最宜创业城市排行榜"显示，深圳创业热度排名全国第三，创业政策环境排名全国第四，创新智力支持排名全国第十一。深圳新三板挂牌企业数量（490 家）排名全国第三（远低于第一的北京 1175 家），"互联网 + 创新创业"指数排名全国第二。深圳拥有国家级"双创"平台 44 个，位居全国第四（远低于第一的北京 100 个）。但相对于深圳火热的创业热潮，智力支持明显不足。在 4 个一线城市中，深圳拥有的高校、科研机构、重点实验室、两院院士数量最少。高端智力资源的缺乏与深圳的经济体量、创新绩效形成明显反差，凸显了弥补智力资源短板的紧迫性。

综上所述，在全球竞争层面，深圳面临着创新市场全球化的挑战；在资源要素层面，深圳面临着要素质量和要素效率提升的挑战；在创新主体层面，深圳面临着"转方式、补短板"的挑战；在发展阶段层面，深圳面临着经济服务化背景下确保制造业基础的挑战。

面对重重挑战，想要促成"双创"价值实现，必须激发各类创新主体的积极性和创造力，而释放生产力，必然要求解除制约创新主体行为的制度性障碍。因此，破解深圳"双创"发展挑战的路径，只有坚持以制度创新的勇气深入推进"四个全面"这一路径。

促进深圳"双创"发展的对策建议 第五章

如何持续激发"双创"发展动力，使得深圳从一个区域性创新中心发展成为世界级创新中心？经验告诉我们，改变制度环境对人的自由选择的约束，将有利于激发"双创"主体的积极性，让市场发挥基础性作用，从而增加"双创"资源的投入，提高"双创"实施的效率，进一步通过分配机制提高地区就业人群的收入水平、生活水平和幸福水平。

深圳应加快从政策开放向制度开放转变，释放创新创业主体的活力，优化宜居、宜业、宜商、宜创的社会"软环境"，构建国际领先的"双创"支撑体系；加快从文化沉淀观念向文化流动观念转变，提升"双创"主体自由流动性，打造灵活的社会契约环境，增强"双创"战略的文化支撑；加快从封闭创新向开放创新转变，整合国际创新资源，优化创新资源的配置效率，提升面向国际市场的产业创新能力；加快从增长导向到社会福祉导向的转变，拓展人的自由选择能力，增进"双创"全球价值实现能力。

推动制度开放，
构建国际领先的"双创"支撑系统

深圳应构思"改革 2.0"阶段的制度创新举措，做好"国家全面创新改革试验区"的排头兵；进行积极而有效的制度环境建设，从提供优惠政策转向环境及制度建设；从利用政策促进"双创"发展，转变为通过建立社会软环境，如基础设施、交通通信、教育培训、行政效率、法制规范等来促进"双创"的发展。在全球"双创"竞争中，形成良好的制度和法制环境，塑造公平、透明而良好的法治环境和制度环境。

◎ 围绕"双创"国际化完善制度供给体系

推进创新市场国际化发展体制机制改革，完善国际劳动力要素市场、资本要素市场和技术要素市场的对接体制机制。在法治体制改革上，健全创新文化的机制，推进互联网宣传的负面清单改革，为国际要素在深圳的活动提供宽松、民主、自由的政治环境等。在社会体制改革上，推进高等教育国际化体制机制改革，推进医疗国际化体制机制改革，推进社区国际化体制机制改革等。

加强法治建设，为"双创"提供基本保障。在法治理念上更加突出鼓励创新、保护创新的法治环境。围绕"大众创业、万众创新"严格执法、公正司法，共同营造全社会支持"双创"的法治环境。以增加技术供给为核心，完善支持"双创"的法律法规体系和行政管理机制。为市场主体的创新创业行为提高法律保障，完善知识产权保护，提高创新创业的激励。坚决打击知识产权侵权、商标侵权、市场恶意竞争、假冒伪劣等扰乱市场秩序行为。

强化良政发现、保存和发展机制。进一步"强区放权"，提高区级政府国际化制度供给能力。宽容"强区放权"中的试错行为，强化对体制机制改革的事后评估和经验总结。建立制度创新信息共享机制，及时发现被社会认可的非正式制度，将其转化为正式制度，并加快推广示范。

◎ 建立符合国际规则的科技管理体制

大力创新产研融合机制。开展高校科研激励机制增量改革，以价值实现为目标深化科技管理体制改革。促进科研事业单位向创新创业企业技术转移，鼓励研发人员参与初创企业的合作创新和合作创业，促进技术创新与工艺创新的深度融合。支持国家实验室、高校实验室、新型科研机构等以技术为纽带，创建技术衍生企业。

深化改革高校选聘制度。打破铁饭碗，不设置终身雇佣制，推广聘用制。设立研究型教师岗位[1]，并为其提供上升通道。研究型教师是非终身制的科研人员，可以上升至研究型教授，岗位收入来自科研项目，学校提供必要的科研场所，与学校的关系为雇员，而非职员。

---

[1] 美国西北大学就设立了研究型教师岗位，属于非终身制聘任岗位，要求教师工作12个月以上，教师的收入和研究费用支出都来自科研项目经费。

深化管理体制改革。完善考核机制、导向和分配机制、激励机制，配套改革科研财务管理体制。建立科学完善的科研管理体系，打造国际化科研大学。推行开放式校外合作，支持学校教师和学生与企业达成合作协议，完成企业资助的科研活动，并获得独立的学术成果和专利，制定科研成果兑换学分奖励制度，对于获得企业认可的科研成果，经学校评定可免除部分学分，提前毕业或进入更高层次的科研活动中[①]。落实中共中央办公厅、国务院办公厅《关于进一步完善中央财政科研项目资金管理政策的若干意见》，推进科研领域"放管服"改革，调动科研人员的积极性和创造性，深化高校科研项目资金管理机制，形成有利于产学研结合的、充满活力的科技管理和运行机制。

转变科研评价导向体系。以社会贡献导向型科研评价体系，替代纯学术成果数量导向型科研评价体系。不完全以科研项目、获批经费、产出成果等量化指标衡量，将学术和社会影响力，以及从事工作的潜

①黄彦菁. 创新科研管理体制打造国际化科研大学——美国威斯康星－麦迪逊大学 [J]. 教育与职业，2014，31：96—97.

力、学术演讲、讲座、专利、博士后研究、协助研究、学生科研指导、校内外咨询、进修学习等都体现在考核指标中；将考核周期放宽到 5 年为周期的职业生涯中，为科研人员提供宽松的研究环境。

建立问题导向型科研组织模式。以解决问题为目标和考核导向，以项目经费为主导，机构不设人事权，根据项目需求自主招聘研究人员，人力资源考核由科研组进行，跨学科配置院校内部和外部的研究人员，以灵活的科研人员配置打破院系壁垒、学科壁垒、体制束缚。

建立多元科研经费筹措体系。发展科学慈善事业，建立面向市场的办学经费筹集体系，鼓励社会资本投入建立促进知识增长和传播的机构。充分发挥特区立法权的作用，出台科学慈善法律措施，限定科学慈善的捐款动机、边界和条款。设计良好的慈善资金管理机制，做好资金的管理和使用。参考信托方式委托大学专业机构运营捐赠资金，以保障捐款人的意愿得到实现。

◎ 打造开放、协调的区域创新协同机制

打造"深港创新圈2.0版本"，推进深港创新体制融合。充分发挥深圳在研发创新、科技服务和高新技术企业上的比较优势，结合莞惠汕河在制造业上的成本优势，整合香港的世界级高校和科研机构、创投资金、科技中介及国际产业链资源，形成协同创新效应，打造符合国际规则的开放、协调的区域创新资源网。

深化粤港澳大湾区协同创新机制。共建创新集群，形成区域化分工格局。深圳、香港以科技创新和服务创新作为大都市区内核，东莞、惠州、汕尾、河源等地以流程创新和产品创新作为大都市区腹地支撑，大力发展科技中介服务，促进区域内创新要素自由流动。发展外溢经济，与周边地区合作打造产业转移工业园，在产业转移过程中实现创新发展的多赢格局。

成立大都市区创新联合体。对标硅谷打造《深港创新圈合作协议》2.0版本，在创新体制、政策和体系上进一步融合，从制度上解决深港跨区人才流

动和科研资金跨区使用的难题，加速"深港创新同城化"。联合社会力量，共同打造"2+3+2"（港澳＋深莞惠＋汕河）创新都市区联合体，充分发挥区域创新分工在促进区域创新体系中的作用。在两地交界的保税区或者即将开发的深圳河河套地区，试行人财物的自由流动等。构建高层对话平台与多边对话机制。搭建区域创新合作高端对话平台；充分发挥市场和社会力量，构建交流合作平台、行业创新交流平台、创客互动平台、创新项目路演平台。常态化发布都市区创新动态和创新发展趋势，发布大都市圈创新白皮书。

探索区域人才保障房和区域创新共享体系。探索"2+3+2"（港澳＋深莞惠＋汕河）人才保障房供给体系，深圳市政府出资金和配套公共服务支持，"莞惠汕河"四地供给土地，共建人才保障房；在解决深圳空间有限的同时，提高四地公共服务水平和推动消费升级。探索"2+3+2"协同创新制度，打破地域性限制，实现区域创新资源深度整合和协同的效果。

促进文化流动，
增强"双创"战略的文化支撑

文化是"双创"可持续发展的基础。经历了30多年快速发展，取得瞩目成就的深圳，还远没有到让经济社会结构或文化沉淀下来的时候，而是应该保持甚至加快文化的流动性。文化的流动为"双创"战略提供核心价值，提供支撑"双创"的心理定势和新的传统，提供支撑"双创"的观念指引，提供支撑"双创"的创新自觉、创新自信和创新自强；锻造"双创"所需要的企业家精神；培育"双创"依赖的创新创意阶层；提供"双创"得以实现的空间和环境；提供"双创"所需的"鼓励创新、宽容失败"的氛围。深圳应持续增强文化流动的能力、空间和程度，打造创新型、智慧型、包容型、力量型文化，为"双创"提供生存、成长、壮大的土壤。

◎ 为"双创"提供实现空间和环境支撑

培育有助于"双创"能力形成的新传统。 从小培养反思能力和批判精神，打破传统文化中落后与保守理念的心理定势和习惯，鼓励敢于突破"不敢为天下先"等保守理念，形成新的传统和活的文化。不断培育开放的思维解决问题的能力，培育勇于承担智识风险、尝试以新方式探讨问题的试验精神、自我反思与不懈学习的能力。

坚持观念创新和观念引领。坚持对"深圳十大观念"的传承和践行。在鼓励建造高楼大厦、实现物质增长的同时，坚持支持新观念的生长，甚至坚持新观念的引领。给予社会科学领域宽松的发展环境和创新环境，支持对新观念的研究和发现。支持新观念的实践创新，为新观念的实践提供必要的条件。

形成"鼓励创新、宽容失败"的文化氛围。宽容失败是构成创新与成功的前提和基础。深圳在鼓励创新的同时，应更加关注宽容失败。必须一方面在文化观念上形成"鼓励创新、宽容失败"的社会共识和良好风气，另一方面在制度设计上予以实质性的推动，不仅仅体现在语言慰问和同情的眼光，应对创新失败者给予实质性的支持。

◎ 锻造"双创"所需的创客精神、工匠精神和企业家精神

培育创客精神和工匠精神。摒弃运动式的思维惯性，大跃进式急功近利的心理和从众的狂热心态，建立有序、理性、可持续发展的社会机制。全社会鼓励发挥人文情怀以及企业文化的凝聚力和创造力，支持由兴趣和爱好推动的创客精神培育，以及踏实、认真、坚持一个领域持续创新的工匠精神培育。

培育企业家精神。形成尊重企业家精神，培育企业家精神的社会环境。根据企业家需求设立 MBA 等管理课程，开设满足企业家运营的课程，不断为企业家能力提升提供良好的环境支撑，增强企业家发现和创造机会的能力、塑造团队文化的能力、不断挑战边界的精神、资源整合和集成的能力等。

◎ 以"文化+"和文化的多样性培育创新创意阶层

创意阶层对于"双创"体系的建设意义深远。知识和创意或人力资本正在替代传统的自然资源和有形劳动，成为财富创造和经济增长的主要源泉。

发展"文化 +"①新兴业态，催生创新创意阶层。"文化 +"与"互联网 +"都是"大众创业、万众创新"的主战场。鼓励文化产业跨地区、跨行业、跨所有制发展，推动深圳"文化 + 创意""文化 + 科技""文化 + 金融""文化 + 旅游"等新兴业态的形成，形成文化经济创新发展的内生驱动力。

不断增强深圳文化的多样性与包容性。文化的多样性在吸引创意人才以及支持高科技产业发展和城市经济增长方面，具有关键作用。文化多样性可以提高一个城市养育创意人才的能力。不断拓展深圳的人才在职位之间的流动自由，在企业之间的流动自由，在行业之间的流动自由，在产业之间的流动自由，在地域之间的流动自由，加快文化微观细胞的流动、交互、反馈。不断增强深圳文化多样性，培育深圳吸引创意人才和人力资本的新优势。

---

① 王京生. 国家创新战略的文化支撑［N］. 中国文化报，2015-12-31.
王京生认为，所谓"文化 +"就是以文化为主体或核心元素的一种跨业态融合。它代表的是一种新的文化经济形态，即充分发挥文化的作用，将文化创新创意成果深度融合于经济社会各领域，形成以文化为内生驱动力的产业发展新模式与新业态。其实质是要实现内容、市场、资本和技术等关键要素在文化产业发展中的集聚、互动、融合和创新。

实施开放创新，
提升面向国际市场的产业创新能力

科技创新和产业创新还需要相应的制度条件。产业创新的发展并不是生产要素的简单叠加，各种要素只有在一定的制度环境下才能发挥功能。有效的制度安排能保证给创新主体带来预期收益，从而可以尽量减少创新的外部性，形成有效的引导技术创新的激励机制。

◎ 进一步强化企业创新主体地位

强化企业创新主体地位，全面优化创新资源配置，激发企业创新的内生动力。扩大企业在深圳创新决策中的话语权，联合企业共同编制创新规划、政策和专项计划；深圳重大技术攻关、产业示范应用、创新载体建设等进一步向企业倾斜；专项组织方式改为企业主导、政府配套、联合高校和科研机构实施的模式；大幅提高科研人员成果转化收益比例，允许高校院所和科研人员拥有科研成果的所有权和处置权，形成鼓励转化的利益导向机制。支持企业成立企业大学，发挥企业大学与企业研发中心的良性互动关系。

◎ 打造具有国际影响力的开放创新实验室体系

着力构建"国际实验室—国家实验室—国家地方联合实验室—大学实验室—企业实验室"的实验室体系。形成"基础研究—技术研究—技术验证—商业化应用"的创新研发链条体系。依托自贸区、国家自主创新示范区和大学城校区"三大平台"，创新体制机制，发展多元新型研究机构，为实验室提供创新载体。

◎ 实施国际大孵化器战略

建立跨区域、跨地域的网络式创新孵化体系。 结合国家"一带一路"战略，以深圳为基点拓展科技孵化产业园区网络；在各国各地区通过与产业输出龙头合作共建基于本地区的经济发展需要的孵化服务器或平台。依学术交流路径，以深圳为核心区域，亚太为半径区域，向马来西亚、印度尼西亚、新加坡、澳大利亚和中国香港等国家和地区输出学术资本，建立合作科技孵化平台，尝试在当地吸纳人才，在当地研发技术，在当地成果转化。通过深圳海内外统一技术产权交易平台，为全球孵化器技术专利交易、产品交易提供线上线下全方位渠道支持。

大力支持企业积极开展知识产权的国际合作。首先，应进一步拓宽深圳专利申请通道，结合和总结国家开展专利审查高速路（PPH）试点项目经验，与多个国家和地区积极推动 PPH 通道作用，加速审查认证的流程；其次，推动深圳快速维权中心建设，建立快速维权中心工作规范，不断开展知识产权保护社会信用评估，深化深圳本地维权意识、社会信用认知并为实际专利纠纷问题建立案例库，形成与企业互动、相关部门协同推进的工作机制，有效的信息发布机制和公开渠道；最后，通过政府统一平台，将企业"走出去"需要了解的海外知识产权动态信息、环境信息、法律信息、实务信息等汇集聚类整理，编制实务指引，帮助本地企业更多了解、更好运用其他国家的知识产权制度。

◎ 全力保障创新的制造业基础

打造国家制造业创新中心。制造业创新中心是中国制造 2025 提出的五大工程之一。深圳具有率先建立国家制造业创新中心的优势和条件。依托新兴研究机构，构建关键共性技术研发平台，以坚实研究基础和技术研发能力承接国家制造业创新中心。

塑造制造业"产业公地"。加快制造业多元转型升级。打造以 ICT 技术、生物医药技术、新材料技术、新能源技术等为核心的"产业公地"，完善公路、轨道交通、高等教育等创新发展基础设施以及"软环境"，让深圳成为"双创"企业能够获得最大外部性的、最向往的"圣地"。支持制造业企业通过研发创新、技术改造、智能制造、互联网＋、服务化等多种路径，提高生产率和竞争力。

拓展制造业产业空间。满足不同层次、不同领域的产业创新创业团队的空间需求，形成由创客空间、创业"苗圃"、孵化器、加速器、创新型产业园区、总部基地、重点产业片区组成的产业发展空间链条。未雨绸缪，前瞻布局，力争在新一轮东部产业发展浪潮到来之际，预留足够的产业空间。

营造公平有序的市场环境。借鉴国外成熟经验，利用深圳的立法权，完善反垄断法保护制度，研究大企业垄断对中小企业研发创新的限制，建立有利于中小企业参与竞争的良好的竞争机制。建立企业合并控制制度，严格控制大企业通过合并并购等方式提高对市场竞争的危害，谨防中小企业因大企业合并而丧失在市场中存在的余地和参与竞争的能力。建立有效利用市场支配地位的规章制度，减少大企业合并等行为对中小企业的间接和直接的损害。

增进社会福祉，
提高资源配置效率和全球价值实现能力

◎ 构建全球"双创"信息服务中心

构建全球"双创"信息服务中心（GIIC），集聚创新技术研究力量，笼络创新人才，拓展创新网络。将信息服务中心打造成为深度研究并培育创意、技术、关系、机会的信息共享平台，帮助和促进全球各地区、各类经济主体在创新创业发展过程中加速突破，为经济与创新文化可持续发展提供动力。要重点实现如下 3 个方面功能：

汇聚创新情报。通过情报互通的方式，为全球经济一体化、贸易自由化、地区政府治理等一系列核心发展问题提供高质量、高密度、高水平的创新研究报告及指导意见。逐步与位于全球各地区的产学研机构缔结创新研究与调查数据共享联盟，通过大数据综合化分析手段，将位于全球各地区分中心的基于本地区或本国创新政策、技术和理念以自下而上、由微见大的方式，不间断地向全球各经济主体和政府机构提供多维度、多视角创新情报。

建立创新体系。基于创新研究的需要，建立信息互换系统，逐步推进国际创新情报互换机制的统一和标准化，为全球创新发展提供灵活便捷的创新合作"语言"。各地区分中心结合本地区创新发展实际，综合调研本地区创新优势和劣势，通过中心总部的汇集和分析，借鉴优势比较、资源共享、技术分享等方式深度解析并反馈本地区创新发展现状，逐步强化国际创新文化塑造、创新制度建设、创新绩效考核和创新目标确立。

创新孵化服务。有别于一般的创新孵化空间，将分布于全球不同地区、类属于不同行业的产学研资源对接，全程选择参与和了解创新孵化，并基于本地区发展需要，随时联络创新主体，引入创新技术或理念，充分利用"互联网＋"和"文化＋"打破地区性壁垒，推动创新全球化和创新文化流动。

采用正式成员和观察员双重标准逐步推进事务国际化。与全球各国各地区主要产学研机构通过签订合作谅解备忘录的方式达成情报互换机制。

对于正式成员：首先借助国家"一带一路"发展战略，逐步与沿线 65 个国家和地区的主要产学研机构签订创新情报互换合作备忘录。凡签订者即为正式成员，可以与中国创新信息中心进行双边的创新情报互换，并可借助信息中心共同平台进入综合分析数据库调阅各类创新研究报告，在本地建立创新分中心或使用位于各地区的各类型创新实验室，并参与全球在创新发展方面的综合论坛和年度会议，参与制定和推动情报互换机制条款、创新合作"语言"设计和文化交流机制。

对于观察员：其他地区性产学研机构，可以暂时以观察员的身份列席信息服务中心会议。机构作为观察员参与信息服务中心各类会议，可以阶段性地了解组织目标和发展愿景，并为其发展提供建议。

在组织架构方面，实行以情报共享、技术转化、理论研究、调研评估、标准共制、文化共识6个方面为导向的信息服务中心日常管理工作机制（见图5-1）。通过管理工作机制的创建，在任务规划和工作思路上达成如下目标：

◆ 汇集中心研究工作所需要的各种情报、信息和资料，建立基于地区化和国际化的综合创新评估指标体系，并于每年向成员机构和观察员机构发布。

◆ 搭建基于创新评估指标体系的创新发

展综合数据库，从评价地区性或国际创新现状入手，汇集有关数据，推动创新研究。

◆ 塑造创新情报互动机制，统一国际创新"语言"，促进全球各国各地区创新资讯统一化，数据标准化。

◆ 拟定国际《创新情报互动标准建议》（成员机构作为制定本国创新指标评估体系的基础）以及《创新建议审查意见》（为成员机构遵循建议提供实操指南）。

◆ 编辑、出版中心内部的研究成果，拟定、维护和公布国际创新分布热图，发布跨区域创新趋势分析和预测报告。

◆ 搭建跨区域创新孵化器体系，以跨区域合作和情报共享为基础，以各地区产学研机构为主体推动创新创意技术与商业孵化，加强跨区域在文化、市场、资本、人才多方面的合作。

◆ 举办跨区域创新研讨和合作发展论坛，推动创新全球化和经济一体化并轨。

◆ 逐步创建和完善基于创新研究和孵化

转化的系列实验室体系。

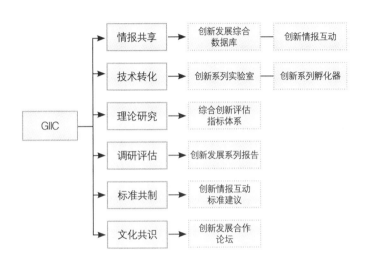

图 5-1　全球创新信息中心架构

◎ 加快促进创客和中小企业发展

充分利用特区立法权，出台一系列针对提升制造业中小企业竞争力的法律法规，完善知识产权保护、扶持中小企业技术创新的公共法律。

制定中小企业发展计划，为中小企业创新发展提供支持，在政府采购中规定一定份额必须给予中小企业，增加对中小企业的支持。

提供技术援助支持。开展中小企业创新研究计划，中小企业技术转移计划，中小企业先进技术计划等。开展中小企业技术援助，通过国家实验室、高校实验室、技术研究中心等为中小企业遇到的技术问题提供技术援助服务。不断提高中小企业的研发参与度和中级创新能力，积极推动标准化，向中小企业提供平等的进入机会。

以形成内生能力为目的，优化财税结构体系。完善支撑中小企业发展的财税政策，在为中小企业提供发展基金的基础上，重点加大对中小企业创新的直接财政支持力度。同时完善财政退出机制，避免中小企业形成对政府支持的过度生存依赖。

进一步深化创新驱动发展体制机制改革力度，扩大企业股权和分红激励、研发费用加计扣除、股权奖励个人所得税、技术转让企业所得税等试点政策范围，加快推动以科技创新为核心的全面创新，坚持需求导向和产业化方向，增强科技进步对经济增长的贡献度，形成新的增长动力源泉，推动经济持续健康发展。

◎ 建设具有国际影响力的科技金融中心

构建创新友好型的金融市场，站在国家战略高度，加快国际金融体制的融合性试验，创新面向知识经济的新金融工具。发展面向中小科技企业的科技金融，推动"大众创业、万众创新"、实现产业转型升级的有效路径，夯实颠覆式创新基础，实现持续创新。

加快利用互联网技术完善科技金融服务平台，优化科技金融运行机制，培养科技金融专业人才，发展科技金融中介机构，打造市场化投融资平台，发挥科技金融对科技创新的支撑作用，形成科技与金融紧密配合的长效机制。

构建政企联动、银保联动、投贷联动的"三个联动"机制。通过政府搭建平台，引导资金供求方高效率对接，实现政企联动；通过与深交所共建平台，引导直接融资和间接融资深度对接，实现投贷联动；通过积极引入保险、担保等机构，与银行形成互补，实现银保联动。

充分立足科技中小企业不同阶段的融资需求，构建覆盖企业从初创到拟上市的全生命周期融资需求的科技金融创新产品；针对科技企业的无形资产设计系列信用贷款产品，充分盘活科技企业的无形资产；针对科技企业小体量、轻资产的特点，以集合打包的形式，为中小科技企业整体增信，同时降低金融机构业务成本。

大力推动技术和金融同步创新，大力发展私募风险和股权投资基金、私募天使基金、产业天使基金，建立和健全多层次的资本市场，提供投资风险转化和转板市场机制；大力发展场外交易，加快商业和投资银行体制创新，提升天使—风投—股权—银行—担保—再保险—不良资产清理等一系列金融主体的风险对接，提升总体金融机构服务水平和效益；构建完善的金融服务平台，通过O2O模式助推科技成果转化和产业化，让"大众创业、万众创新"的发展战略落得了地，开得了花，结得了果。

◎ 打造人才国际化试点城市

深化深圳国际人才市场的信息功能和联系功能，通过国际劳动力的信息交换和人才引进，实现与全球国际劳动力市场的对接。加强深圳国际人才市场对国际劳动力市场的协调平衡功能、价值实现功能、激励功能和信息功能，主动参与全球国际劳动力市场供需、自动调配国际人才生产力布局的过程。

健全劳动力市场国际化机制。充分利用深圳特区立法权，在全国率先建立更加科学、完善的知识型、技能型外籍人才引进机制和技术移民制度体系，解决深圳具有国际视野的技术人才和知识型人才短缺问题，支撑"双创"蓬勃发展。

制定面向市场、更加均衡的人力资本政策。多层次引进外籍人才。人才引进要满足市场需求，满足创新创业发展需求。深圳不仅需要"孔雀计划"等人才政策引进领军人才，更需要引进具有专业技术特长的创新型人才。深圳目前拥有国际金融、风险控制、律师和注册会计师资质的人员数量明显低于北京和上海，深圳应根据市场需求针对性制定引进计划和培育计划。

实施万名海外人才集聚工程。吸引具有国际视野、通晓国际规则和惯例、掌握先进技术和与国际市场接轨的知识结构、较强的跨文化沟通能力、强烈的创新意识的人才。包括在深工作的外籍专家和各领域专业人才、在深创业和工作的高层次归国留学人才、国外派到境内工作的专业人才、境外企业在深聘用的各领域专业人才、其他本土国际化人才等。

实施国际人才市场渠道拓展工程。充分发动社会各界的力量共同参与，在政府和事业单位组团海外招聘的基础上，不断发展国际人才中介机构和信息服务平台，拓展行业协会的信息功能和联系功能。发展高水平的人力资源中介机构，支持全球化、具有成熟操作规程的国际猎头公司在深圳设立分支机构，建设国际人力资源互联网平台。大力引进深圳紧缺的信息技术人才、生物医药人才、新材料人才、金融人才等专业领域国际人才。

完善国际人才的入境与居留政策。放宽深圳紧缺人才入境与居留政策，鼓励投资创业。试点高级技术人才永久居住、科技工程人员和毕业生永久居住、社会科学人才永久居住、创业签证、配置房屋和车辆等政策。

提高国际人才市场价格环境。完善国际人才收入分配制度，在薪酬、社会福利、津贴制度，退休金制度，医疗保险制度等方面，适当支持，提升深圳在全球国际人才市场上的竞争力。

给予国际人才优质的社会环境。完善适合人才成长与发展的科研或工作环境、投资环境、教育环境、生活环境等，为高端国际人才提供良好的发挥才能的平台。

深圳是一座年轻的城市，一座朝气蓬勃的城市，一座开放和包容的城市。这样的城市最不缺少的当是海纳百川的胸怀。深圳应该坚定不移地推进全面深化改革，以制度创新引领全国"双创"参与全球化竞争，并在制度创新中不断释放人的积极性、主动性和创造性，以人的自由拓展为目的，实现社会价值的提升和人的福祉增益。唯有如此，方可突破瓶颈，再创辉煌。

深圳"双创"研究课题组

课题负责人：

王京生

国务院参事，国务院参事室中国国学中心建设领导小组副组长，北京大学深圳研究生院兼职教授，深圳大学理论经济学博士后合作导师

课题组成员：

陶一桃

国务院特殊津贴专家，深圳大学党委副书记、纪委书记，教育部人文社科重点研究基地、中国经济特区研究中心主任，理论经济学一级学科带头人，教授、博士生导师

魏建漳

深圳市实维经济咨询有限公司开放创新研究所所长、博士

王学龙

深圳大学中国经济特区研究中心博士后

孟 元

深圳大学中国经济特区研究中心博士生

张静云

深圳市实维经济咨询有限公司研究助理